Djalma Motta Argollo

Relações Psíquicas

O CONCEITO JUNGUIANO DA PARTICIPAÇÃO MÍSTICA

Existe, entre os Espíritos simpáticos que se afinam, uma comunicação de pensamentos que faz duas pessoas se verem e se compreenderem sem necessidade dos sinais exteriores da linguagem. Poder-se-ia dizer que falam a linguagem dos Espíritos. (Kardec, 2007, comentário à questão 421, Livro dos Espíritos)

1ª EDIÇÃO

A Jamile Buck

que, além de ser a carinhosa mãe do Benício, é generosa amiga e uma criadora de beleza, minha gratidão pessoal pelas capas encantadoras dos meus livros, que cativam quem as vê.

Sumário

Introdução

O tema que abordo neste livro — participação mística — já me havia chamado a atenção há muitos anos, em uma publicação "mística", o livro do espírito André Luiz, Nosso Lar. O espírito Lísias, conversando com o autor espiritual sobre a região de entrada no espiritual, por ele denominada Umbral, faz a seguinte afirmação: "... é nessa zona que se estendem os fios invisíveis que ligam as mentes humanas entre si" (André Luiz, 2003, p. 83). Pode não parecer grande coisa, e algumas pessoas, a quem alertei para a passagem, descartaram o assunto sem lhe dar qualquer importância. Mais tarde, li a trilogia de Isaac Asimov (1920-1992) e chamou-me a atenção a fusão mental entre os seres humanos que habitavam a nossa galáxia para defesa contra uma invasão de seres extragalácticos. Todos podiam se comunicar instantaneamente, embora mantivessem, por uma ação da vontade, a individualidade e a privacidade mental.

Quando iniciei meus estudos de Psicologia Analítica, despertou-me a atenção, primeiramente, o conceito de inconsciente coletivo, em que se incluem temas míticos comuns a todos os povos, sem que tenham, entre eles, qualquer ligação geográfica, política, econômica e cultural.

Em continuação, atraiu-me o tema da participação mística, ao qual Jung sempre se refere, citando os estudos do filósofo e sociólogo francês Lucien Lévy-Bruhl (1857-1939). Durante o Curso de Pós-Graduação em Terapia Junguiana, várias vezes o tema veio à baila, principalmente ao serem tratados, no currículo, os aspectos da projeção em geral, ou na clínica em particular, a transferência e a contratransferência.

Mas sempre me ficava uma necessidade de aprofundar mais o tema, já que o próprio Jung se referia a ele em várias passagens de sua extensa e erudita obra, quando chamava a atenção para o aspecto do psiquismo dos primitivos e da ocorrência da participação mística entre eles. Igualmente, apresentava o fenômeno ocorrendo, na atualidade, entre pessoas.

Nos seminários ministrados por Carl Gustav Jung, encontrei referências mais amplas sobre a participação mística entre casais, a ponto dele afirmar que, numa terapia, se tem de levar em conta o psiquismo do parceiro do paciente, pois os inconscientes deles interagem numa permanente permuta de conteúdos.

Assim, quando chegou o momento de escolher o tema da monografia, fiquei dividido entre dois temas. Um deles já abordado por mim em livro intitulado *Jung e a Mediunidade* (ARGOLLO, 2004), tratando de fatos mediúnicos e de sincronicidade em toda a obra de Jung. Mas, como já era um assunto devidamente estudado por mim, resolvi aprofundar minha pesquisa sobre a participação mística, assunto no qual teria muita coisa nova a aprender. Era um desafio, uma novidade, e não me frustrei. Um novo horizonte de ideias e possibilidades se abriu ante a visão encantada de minha mente.

Ao descobrir, na internet, o livro *Les fonctions mentales dans les société inférieurs*, de Lévy-Bruhl, que Jung cita de forma laudatória, fiz-lhe o *download*, li e descobri o porquê da sua admiração por ele. O filósofo e sociólogo francês conseguiu determinar a maneira como funciona o psiquismo dos povos coletores da pré-história e da atualidade. Demonstra, de maneira lógica, a existência de uma continuidade entre o mundo interior e o exterior, a qual se estabelece entre o primitivo e suas circunstâncias.

Juntando os estudos de Lévy-Bruhl às conclusões de Jung, foi se formando, em meu psiquismo, uma ideia da importância do fenômeno da participação mística na vida do ser humano atual, das inúmeras possibilidades que ela proporciona para entendermos diversos fenômenos psíquicos que ocorrem entre os seres vivos e de como cria laços invisíveis entre todos os seres e entre os seres e a própria natureza.

Assim, meditando no assunto, pude identificar, com maior acuidade, essa relação acontecendo em todos os momentos da existência, bem como sua amplitude, criando vínculos não apenas entre pessoas, mas entre pessoas e os seres vivos vegetais e animais, como também com fatos acontecidos em ambientes.

Dessa forma particular de projeção do inconsciente, trato nesta obra, ampliando em muito minha monografia de pesquisa bibliográfica. Inseparável da perspectiva psicológica, está a minha *mundividência* de pensador espírita. À luz do Espiritismo, interpreto as ocorrências e análises, *porque sou espírito, e nada do que se refere ao espírito pode-me ser indiferente*. Além do mais, Jung não somente estudou e experimentou o fenômeno mediúnico como conheceu as obras de Allan Kardec, fazendo observação pertinente sobre os exemplos de comunicações apócrifas nelas contidas.

Logo, ao entrelaçar a Psicologia Analítica com o Espiritismo, não estou cometendo nenhuma heresia, porque, se ela existe, seu fundador foi o primeiro herege. Quando Jung fez o seu (atualizemos o termo) *trabalho de conclusão de curso* (TCC) na especialização médica em psiquiatria, escolheu um caso de psicose em que a doente via espíritos de crianças saindo das sepulturas e os fenômenos mediúnicos, ocorridos durante mais de dois anos em uma reunião mediúnica dirigida por ele, em casa de seus pais, tendo, como médium, uma prima ainda bem jovem. Por isso, sinto-me plenamente à vontade para analisar os fatos também de acordo com os princípios espíritas.

O estudo do conceito de participação mística coloca-nos, sob os olhos da razão, um assunto deveras interessante: a abrangência do inconsciente. Uma perspectiva materialista poderia supô-lo como interno ao cérebro e prisioneiro dos circuitos neuroniais, tendo como sede o conjunto básico, arcaico, da estrutura cerebral: o sistema nervoso central, basicamente nos circuitos que envolvem o tronco cerebral, o tálamo, o hipotálamo e as amígdalas. Mas, na verdade, a Psicologia Analítica já demonstrou que o inconsciente, nas suas feições pessoal e coletiva, atua sobre o sistema nervoso central e periférico, podendo se manifestar independentemente deles. Demonstrou também que o psiquismo e o cérebro estão inter-relacionados, influenciam-se reciprocamente, mas são independentes.

Todavia, o sistema nervoso, para cumprir suas funções superiores de conexão com o mundo externo, respondendo aos seus estímulos de forma eficiente, necessita da ação do psiquismo em sua inteireza. O sistema nervoso pode funcionar de modo automático, para manutenção das funções básicas do organismo. Mas, para que haja cognição, exercício de vontade, raciocínio e objetivos imaginados, planejados e executados, em outras palavras, para que haja individualidade pensando e agindo, capaz de realizar a proposição cartesiana do *cogitu ergo sum* (penso, logo existo), o psiquismo tem de agir no sistema nervoso e sobre ele. Isto nos leva à consequência de que a alma é um fenômeno independente e anterior ao sistema nervoso, ou seja, existia antes do seu aparecimento e continua a existir e agir depois que ele morre, como demonstram os estudos espíritas, metapsíquicos e parapsicológicos. A alma sobrevive ao *êxito letal* por ser o princípio fundamental do próprio universo[1]. A participação mística demonstra que o inconsciente é autônomo e se projeta além do sistema nervoso, interligando-se a outros inconscientes com os quais se identifica e sobre eles agindo. Mais ainda, pode-se falar de uma dimensão inconsciente, em que a alma vive e que vem para o mundo físico, sendo este o *reino da consciência*.

A fenomenologia mediúnica esclarece que a participação mística atua não apenas no mundo físico mas também no mundo espiritual, isto do ponto de vista horizontal. Que é um fenômeno que

---

1   Ver subcapítulo: Participação mística: uma resultante da identidade fundamental da criação.

transcende as duas dimensões, produzindo identificação entre mentes sem corpo físico, os espíritos desencarnados, e mentes ligadas a organismos biológicos, os espíritos encarnados.

Nessa perspectiva, a Psicologia Analítica e o Espiritismo encontram-se e interagem, levando-me a pensar que a primeira é um aprofundamento dos princípios e das consequências do segundo.

O Espiritismo é uma *psicologia,* como se pode concluir ao analisar etimologicamente o significado dos termos gregos πσιχή = alma e λόγος = estudo (entre outros significados), sendo, portanto, *o estudo da alma.* E a Psicologia Analítica também pode ser chamada de *estudo e análise da alma,* significado que melhor lhe cabe, do que ser simplesmente um estudo dos fenômenos mentais.

Qual a diferença entre Espiritismo e Psicologia Analítica? O primeiro estuda a alma enquanto ser, e a segunda a estuda enquanto estrutura. Um tem como objetivo a condição existencial da alma, o outro o *modus operandi* pelo qual ela vive essa condição. Enfim, o Espiritismo estuda *a entidade alma, sua existência e evolução,* e a Psicologia Analítica, os processos internos da alma no vir a ser existencial.

Biografia de Carl Gustav Jung

O contato com uma teoria deve começar pela biografia do seu autor, pois ela fornece elementos para compreensão das motivações que formam o *background* de sua elaboração. De acordo com esse entendimento, inicio este livro com uma breve informação sobre o período existencial do criador da Psicologia Analítica, suas lutas, viagens, sonhos, cultura e erudição.

Nascimento e Infância

Carl Gustav Jung nasceu em 26 de julho de 1875, em Kesswil, cantão da Turgóvia, uma pequena cidade Suíça às margens do Lago Constança, acidente geográfico que serve de fronteira entre esse país e a Alemanha.

Seu Pai, Johannes Paul Achilles Jung, era pastor protestante e sua mãe, nascida Emilie Preiswerk, era uma mulher de gênio difícil, autoritária, apresentando problemas psicológicos. Antes de Jung nascer, seus pais tiveram três filhos, que morreram.

Seis meses após o seu nascimento, a família se mudou para o presbitério do castelo de Laufen, perto da cidade de Basileia, na região das quedas do rio Reno, em sua margem Suíça. Quatro anos mais tarde, em 1879, mudaram-se novamente, agora para Klein-Hüningen, próximo a Basileia. Ali, em 1884, nasceu Johanna Gertrud, irmã de Jung que veio a falecer em 1935.

Jung tinha pela mãe um sentimento de muita afetividade. Refere-se a ela com uma descrição repassada de ternura:

> Minha mãe foi extremamente boa para mim. Ela irradiava um grande calor animal: era corpulenta, extremamente simpática. Sabia ouvir e gostava de conversar, num alegre murmúrio de fonte. Tinha evidentes dons literários, bom gosto, profundidade. Tais qualidades, entretanto, não se manifestavam exteriormente; permaneciam ocultas numa velha senhora gorda, muito hospitaleira, que cozinhava muito bem e tinha muito senso de humor (JUNG, 2006, p. 54).

Em relação ao seu pai, suas lembranças são de um homem bom, culto, mas com uma personalidade fraca e sem grandes ambições na vida. Como Pastor, vivia o problema de muitos sacerdotes e líderes religiosos: por causa do contato sistemático com os princípios e rituais de sua religião, não tinha muita fé no que pregava, guardando, por isso, terríveis conflitos íntimos.

Na adolescência, pai e filho tiveram muitas discussões. Com a morte do pai, Jung, já na universidade, assumiu o posto de chefe de família. Ele narra que sua mãe, tomada pelo que ele denominava de personalidade número dois, lhe disse algum tempo depois do falecimento de seu pai: "Ele desapareceu na hora certa para você", o que parecia significar: "Vocês não se compreendiam e ele poderia ser um obstáculo para você" (JUNG, 2006, p. 92). Na verdade, os pais de Jung tinham grandes conflitos. Ela descendia de uma linha de pastores luteranos, o que significa que recebeu uma educação religiosa de extrema rigidez, carregando todo um conjunto de culpas e tabus que lhe impuseram um permanente e doloroso conflito interior. Inevitavelmente, os complexos de culpa e de pecado, principalmente na área sexual, os mantinham em permanente tensão. Eles se enquadram na descrição que Jung faz de casais com intensa participação mística, vivendo uma relação consciente cheia de discórdias, discussões e antagonismo, mas ligados por forte laço inconsciente[2]. Em virtude de sua permanente tensão psíquica, Emilie chegou a entrar em surto quando Jung era criança, passando seis meses num hospício.

Durante a infância, Jung foi perturbado por conflitos, ansiedades e temores, fruto de sua *participação mística* com os pais e parentes. Por ser filho de um sacerdote, via-se sob permanente cobrança das pessoas. Por qualquer traquinagem natural, devia ouvir: "você! Filho de pastor, fazendo isso?". Os sermões que ouvia nos cultos da Igreja, repassados de referências às condenações e ameaças de castigos divinos, desde cedo lhe fizeram entrar no mundo de medos e angústias, que caracteriza a vida psíquica dos que são criados em ambientes ortodoxos. Junte-se a isso a perplexidade em que vivem permanentemente os filhos de pais muito religiosos, os quais percebem as discrepâncias entre o que eles pregam e o que vivem no dia a dia, fato que termina por levá-los a uma relativização da prática dos princípios religiosos no qual são criados, quando não à descrença completa. No cotidiano educacional da família, ouvia, naturalmente, as descrições sobre a influência perniciosa de Satanás e sua corte de anjos caídos, que estariam influenciando suas

---

2   Ver subcapítulo: Participação mística na relação amorosa.

travessuras e malfeitos com a finalidade de levar-lhe a alma para o inferno.

Essa atmosfera de tensão psíquica permanente teve uma influência decisiva sobre sua maturidade precoce e foi um dos fatores importantes no desencadeamento de suas crises de dupla personalidade. Essas crises, em suas memórias, ele as denominou de personalidade 1 e 2, cuja característica da número 1 era ser normal e da número 2, fazê-lo se sentir como um velho.

Outros fatores naturalmente contribuíram para o desenvolvimento da dupla personalidade: vivendo no ambiente de uma igreja, onde a frequência normal era de pessoas adultas ou já idosas, era influenciado por suas ideias e comportamentos. Desenvolveu então *participação mística* com os beatos da paróquia onde morava e também com a atmosfera psíquica do ambiente, em que seguidas gerações de famílias de pastores e devotos deixaram seus registros psíquicos nas paredes, móveis e utensílios do lugar.

Os hindus defendem a ideia de que existe uma energia, variante do *prana*[3], em que se gravam os atos e fatos que ocorrem em qualquer lugar; chamam tais gravações de *registros akásicos*, ou seja, a gravação ambiental dos atos e fatos ocorridos num local.

Finalmente, não podemos descartar o já abordado em outra publicação:

As crises de dupla personalidade que o assaltavam desde a mais remota infância, batizadas como personalidade 1 e personalidade 2, podem ter

---

3 Energia básica do cosmos, da qual tudo o que existe deriva; corresponde ao conceito espírita de fluido universal.

como origem a intromissão de lembranças de vidas pretéritas, como sua autobiografia leva a suspeitar (ARGOLLO, 2004, p. 25).

Sua mãe apresentou, por toda a existência, crises de dupla personalidade, o que nos permite continuar a inferir uma participação mística, entre ambos, o que ocorre sempre entre mãe e filho, o que será abordado mais adiante.

Jung era atormentado por constantes pesadelos e sofreu diversos e perigosos acidentes na infância; em suas memórias atribuiu esses últimos a um desejo inconsciente de suicídio.

Puberdade e Juventude

Aos 11 anos, em 1886, ingressou no Liceu de Basileia, onde realizou os estudos preparatórios, que denominamos, no Brasil hoje em dia, de fundamental e médio. Desde muito cedo, Jung apresentou intensa curiosidade intelectual, transformando-se num leitor assíduo e de múltiplos interesses, o que lhe proporcionou acumular vasto cabedal de informações, que se demonstraram de grande valor em seu trabalho posterior.

Sua vida de colegial foi marcada por atritos com colegas e professores, sendo que estes últimos não conseguiam reconhecer-lhe a genialidade precoce, atribuindo suas dissertações bem elaboradas a plágios ou cópias, o que muito o amargurava.

Até a juventude, o cotidiano de Jung caracterizou-se também por grave crise religiosa, fruto de problemas que devia trazer no inconsciente, aguçados, ou até mesmo estimulados pela atitude paradoxal de seu pai ser um Pastor sem fé, o que naturalmente o levava a viver um difícil dilema existencial. Suas fantasias e sonhos denunciavam esses conflitos.

Estudos Universitários

Quando teve de se definir por uma carreira de nível superior, dividiu-se entre a arqueologia e as ciências naturais. Terminou por escolher a medicina, curso que iniciou em 18 de abril de 1895. Ainda nesse ano, tomou parte ativa na confraria estudantil *Zofingia* — à qual seu pai pertencera na época de estudante — em que sobressaía pelas exposições e debates de grande cunho cultural. Em algumas de suas conferências, usando os conceitos de Franz Anton Mesmer (1734-1815), Arthur Schopenhauer (1788-1860), Immanuel Swedenborg (1688-1772), Césare Lombroso (1835-1909), Carl Du Prel (1839-1899), Williams Crookes (1832-1919)e outros, combatia a filosofia materialista e defendia o estudo científico dos então chamados "fenômenos psíquicos" e a imortalidade da alma. No ano seguinte à sua entrada na universidade, faleceu-lhe o pai.

Opção pela Psiquiatria

Segundo ele próprio, em 1900, depois da leitura do *Manual de Psiquiatria de Kräfft-Ebing*, decidiu-se pela especialização nessa área, contrariando as expectativas da mãe e parentes, que esperavam que optasse pela especialização de clínica geral, economicamente interessante. No mês de dezembro do mesmo ano, assumiu o lugar de assistente no hospital de Burghölzli, em Zurique, sob a direção de Eugen Bleuler (1857-1939). Tenha-se em mente que Bleuler realizava pesquisas mediúnicas no sanatório que presidia, e isto pesou na escolha de Jung por ali trabalhar.

Nesse ano, cumpriu também seu primeiro período de serviço militar. Em 1902, publicou sua tese de doutorado: *Sobre a Psicologia e Patologia dos Fenômenos Chamados Ocultos*, resultado de suas experiências em sessões mediúnicas que dirigiu por dois anos, em casa, tendo como médium uma prima pelo lado materno: Hélène Preiswerk.

No Hospital Psiquiátrico do Cantão de Zurique, entre 1902 e 1906, desenvolveu, com alunos e colegas, estudos sobre associação de ideias, independentemente das construções teóricas de Freud a esse respeito, provando cientificamente a existência dos complexos — termo que criou — da psiquê. Tais estudos lhe valeram um convite para apresentá-los na Clark University, nos Estados Unidos, em 1909, onde foi agraciado com o título de doutor *honoris causa*. No período em que trabalhou naquele hospital, Jung desenvolveu notáveis estudos sobre a esquizofrenia, principalmente no que diz respeito às personalidades múltiplas, que os psicanalistas negaram por muito tempo e que acabaram sendo reconhecidas como uma realidade, e não criações enganadoras de pacientes mitômanos.

Vida Profissional, Casamento e Morte

Em 14 de fevereiro de 1903, Jung casou-se com Emma Rauschenbach, com quem veio a ter cinco filhos. Nesse mesmo ano, relendo a *Interpretação dos Sonhos*, de Freud — lido por ele três anos antes — verificou afinidade entre ideias desse autor e suas, passando a divulgá-lo e defendê-lo no meio universitário em que, então, o Pai da Psicanálise era considerado *persona non grata*.

Em 1906, enviou, a Freud, seu livro com as experiências e conclusões em torno da associação de ideias, iniciando-se aí uma correspondência entre os dois. Em 1907, a convite de Freud, foi a sua casa, nascendo aí amizade e colaboração, que duraram até o rompimento definitivo em 1913, com o aprofundamento de divergências teóricas inconciliáveis entre eles.

Jung desenvolveu o conceito de inconsciente, desdobrando-o em inconsciente pessoal e inconsciente coletivo, a partir de suas experiências e observações. Descobriu e estudou os arquétipos do inconsciente coletivo, que verificou serem comuns aos seres humanos e que se manifestam através de recursos simbólicos nos mitos e nas figuras míticas de todos os povos. Suas contribuições à compreensão do psiquismo ainda estão sendo estudadas por psicólogos atuais, graças à proficuidade dos conceitos que elaborou ao longo de sua vida de estudioso pertinaz da alma humana. Um fato importante foi o ter quebrado a rigidez e frieza da relação médico-paciente comum na psicanálise, substituindo-a por uma inter-relação dinâmica e compartilhada, pois ambos se envolvem num processo que não é apenas de "cura" de um paciente, mas de desenvolvimento de valores profundos e fundamentais de ambos.

Entre seus estudos estão aqueles sobre os fenômenos parapsicológicos, ou mediúnicos, para os quais buscou elaborar uma teoria, a da sincronicidade, em parceria com o cientista e Prêmio Nobel de física Wolfgang Pauli (1900-1958), utilizando-se do princípio de indeterminação ou incerteza de Werner Heisenberg (1901-1976).

Depois de toda uma vida dedicada à descoberta de meios e modos de trazer mais alegria e plenitude ao ser humano, Jung faleceu no dia 6 de junho de 1961, em Küsnacht, onde foi cremado e suas cinzas depositadas no túmulo da família.

Conceitos Básicos da Psicologia Analítica

Para entender o que seja participação mística, deve-se ter, pelo menos, noções dos conceitos básicos da Psicologia Analítica, razão por que por eles inicio este estudo. Mas se o leitor já tiver conhecimento suficiente sobre o assunto, poderá começar a leitura a partir do capítulo Breve análise da evolução psíquica do ser humano, que tratadas bases conceituais da Participação mística, abordando os estudos de Lucien Lévy-Bruhl a respeito.

Esboço da Teoria Analítica

A Psiquê

A observação dos seres vivos nos leva a perceber que existem condições que são comuns a todos, desde o elemento básico: a célula. Todos os seres vivos são formados por células ou células modificadas, conforme o axioma criado por Schleinden e Schawnn, em 1838. Elas também têm, em comum conosco, os instintos, — que formam um conjunto de comportamentos padrões, compulsivos, não aprendidos, que todos os seres vivos compartilham, seja qual for seu grau de complexidade. As células possuem a capacidade de se alimentar e absorver líquidos, metabolizando-os para se apropriar dos seus elementos que possam ser transformados em energia, para manutenção da vida celular. Igualmente, elas excretam os restos, resultantes da metabolização do que foi absorvido. Finalmente, elas crescem e se reproduzem. Tudo o que é realizado pelos organismos celularmente complexos, a célula individual também realiza. Em outras palavras, os seres unicelulares possuem um conjunto padrão de funções, semelhante ao dos pluricelulares: reprodução, desenvolvimento, digestão de alimentos e expulsão dos resíduos metabolizados.

Atualmente, vários estudos demonstram que os seres vivos têm, além dos fundamentos orgânicos básicos e dos impulsos instintivos, uma dimensão que ultrapassa o mero nível dos comportamentos automáticos, demonstrando, em graus diversos, capacidade de realizar inferências primárias. Isto serve como evidência de que existe, em qualquer nível, uma estrutura não física ligada ao organismo, que se pode chamar de *psiquismo embrionário*, em que as atividades sensoriais e instintivas sofrem elaboração numa dimensão *extrafísica*: a dimensão da alma. Este *modelo organizador biológico* é preexistente ao organismo e o leva a desenvolver-se. Tal ligação é dialética, em que ambos, modelo organizador e organismo, se influenciam reciprocamente.

Embora preexistente e naturalmente sobrevivente ao organismo, este princípio espiritual não somente age sobre o organismo como também sofre sua influência, desenvolvendo recursos e funções ao longo do tempo, o que lhe propicia adquirir capacidade de formar organismos gradualmente complexos e, por via de consequência, também de ampliar sua própria complexidade. E não poderia deixar de ser assim, pois o psiquismo se apresenta como uma instância formadora da estrutura biológica[4] e, ao mesmo tempo, como uma resultante dos processos sensoriais. As percepções dos estímulos, internos e externos, configuram uma dimensão em que o físico e o espiritual se encontram e transmutam um no outro, apresentando processos e funções próprias, uma dimensão *quase física e, ao mesmo tempo, quase psíquica* (psicoide). Para Jung, a psiquê tinha elos fortes com o organismo, dele recebendo estímulos, informações e uma base psicoide, mas lhe sendo independente, o que teve condições de observar em si e em diversos dos seus pacientes.

Todas as percepções tendem normalmente a se concentrar num centro específico em que são decodificadas, analisadas, associadas a percepções já vivenciadas, produzindo então uma reação apropriada ao que foi aferido. Esse conjunto de processos tende a extrapolar os limites orgânicos e a projetar-se numa superestrutura não física, que denominamos de psiquismo. Mas, simultaneamente, impulsos não físicos *corporificam-se* num fenômeno de *somatização*, influenciando os processos orgânicos, *produzindo transformações curativas ou destrutivas*.

Entre os elementos comuns a todos os seres vivos estão os instintos, que se apresentam como um conjunto de impulsos à ação, pré-configurados, que estimulam comportamentos padronizados, objetivando fins precisos e determinados. Acontece assim com a luta pela sobrevivência, a busca da perpetuação da espécie etc. Os instintos são um patrimônio orgânico que ultrapassam a mera

---

4   Ver subcapítulo: Origem espiritual da participação mística.

condição corporal, para se estenderem, transformados, ao psiquismo, formando *instintos psíquicos*.

> Os fatores psíquicos que determinam o comportamento humano são, sobretudo, os instintos enquanto forças motivadoras do processo psíquico. Em vista das opiniões contraditórias a respeito da natureza dos instintos, eu gostaria de deixar bem claro o que entendo ser a relação entre os instintos e a alma, e porque eu chamo os instintos de fatores psíquicos... O fator determinante seria, por conseguinte, um instinto *modificado*, e o que aí acontece talvez tenha o mesmo significado que a diferença entre a cor que nós vemos e o comprimento objetivo da onda que a ocasiona. O instinto como fator extrapsíquico desempenharia o papel de mero estímulo. O instinto como fenômeno psíquico seria, pelo contrário, uma assimilação do estímulo a uma *estrutura psíquica complexa* que eu chamo *psiquificação*. Assim, o que chamo simplesmente instinto seria um dado já psiquificado de origem extrapsíquica. (JUNG, 1998a, par. 233-234).

Como exemplo dessa psiquificação, Jung chama a atenção para o fato de que o instinto da fome, que faz parte do instinto de conservação, quando psiquificado, perde sua compulsividade, característica básica do instinto, para adquirir qualidades simbólicas, como ambição, por exemplo.

A psiquificação de sensações internas e externas é uma forma de alimentação constante do psiquismo que não pode ser exclusivamente reduzido a um mero epifenômeno do organismo. Nada prova que o "cérebro produz pensamento, como os rins produzem urina". Ao contrário, o psiquismo é uma superestrutura altamente complexa que, apesar de estar vinculado ao cérebro e de receber, através dele, estímulos diversos pela via da psiquificação, mostra-se totalmente diferenciado e com processos específicos.

O psiquismo é formado por todo um conjunto de superestrutura, gerado pelas sensações físicas, internas e externas, que ultrapassam os limites puramente físicos, transformando-se num campo de representações de caráter específico, que se convencionou denominar psíquico. O psiquismo, porém, não é puramente um resultante dos processos cerebrais. Não é o cérebro que produz a psiquê, como bem conceitua Jung:

> O fato psíquico merece ser considerado como um fenômeno em si, pois não há motivo nenhum para concebê-lo como um mero epifenômeno, embora esteja ligado à função cerebral, do mesmo modo como não se pode considerar a vida como um epifenômeno da química do carbono. (JUNG, 1998a, par. 10).

E isto é verdade, pois hoje em dia já se têm evidências muito fortes de independência da psiquê, a qual pode, em determinados momentos, transcender totalmente os limites corporais, evidenciando-se em percepções além do que seria de se esperar das percepções sensoriais. Não é possível mais negar as experiências parapsicológicas que comprovam percepções do passado, do futuro e além do espaço circunjacente, em distâncias de centenas de quilômetros.

Jung, partindo do seu conhecimento médico, ao discutir a relação alma e corpo, descarta *in limine*, o conceito de *harmonia preestabelecida*, devida à Leibniz. Ele se vale do seu conceito de *sincronicidade*. Para reforçar sua conclusão, lança mão de experiências traumáticas de guerra, quando acontecem síncopes profundas, por causa de lesões cerebrais graves, nas quais, em muitos desses casos, a lesão não implica em perda de consciência. E Jung apresenta uma série de casos em que houve o que se denomina hoje de *experiência de quase morte*:

> Neste estado, ocorre uma sensação muito nítida e impressionante de alucinação ou levitação: a pessoa ferida tem impressão de que se eleva no ar na mesma posição em que se encontrava no momento em que recebeu o ferimento. Se foi ferida de pé, eleva-se de pé; se estava deitada, eleva-se deitada; se estava sentada, eleva-se sentada. Ocasionalmente, tem a impressão de que o espaço circundante se eleva também, como por exemplo, toda a casamata em que estava naquele determinado momento. A altura da levitação pode ir de meio metro a vários metros. Perde-se a sensação de peso. Em alguns casos o ferido acredita que executa movimentos de natação com os braços: se há alguma percepção do espaço circundante, o mais das vezes parece imaginária, isto é, composta de imagens de memória. Durante a levitação, a disposição interior é predominantemente eufórica: 'sublime, solene, lindo, celestial, relaxante, feliz, despreocupado, excitante', são as palavras usadas para descrever este estado. É uma espécie de experiência de ascensão ao céu... (JUNG, 1998a, par. 939)

Cabe salientar que Jung observou em si próprio um tal estado quando teve uma experiência de quase morte (ARGOLLO, 2004, p. 93-103). Nela sentiu tudo o que está descrito acima: levitação, euforia, elevou-se da Terra, indo além da estratosfera, chegando a um meteoro, onde havia uma espécie de caverna-templo; mas, antes de entrar, foi obrigado a voltar por uma visão simbólica do seu médico, que ia voando ao seu encontro. No momento do encontro espiritual, teve a premonição de que o discípulo de Asclépios estava prestes a morrer, o que veio a acontecer uma semana após o encontro nos espaços espirituais.

Libido

A psiquê é formada por um conglomerado energético denominado de libido. Em discordância com a definição da libido como energia sexual, Jung propôs o conceito da libido como energia psíquica:

> A experiência direta com as relações quantitativas, de um lado, e do outro a profunda obscuridade de uma ligação psicofísica que ainda nos escapa completamente, nos autorizam a considerar a psique, pelo menos provisoriamente, como um sistema energético relativamente fechado (JUNG, 1998a, par. 11).

Ao introduzir o conceito de *energia psíquica*, Jung desvelou um mecanismo fundamental do funcionamento da psiquê, na qual o deslocamento e emprego de quantidade de energia nos seus processos vão possibilitar entender o porquê da existência de conteúdos que desaparecem da consciência, permanecendo inconscientes por largo tempo, para reaparecerem quando nossa atenção os requer. Estavam inconscientes por haverem perdido *energia* e voltam ao campo da consciência quando energizados, no processo da recordação.

Igualmente, durante o sono, quando a consciência não usa a energia a sua disposição, ela tende a fluir para o inconsciente, proporcionando-lhe produzir os fenômenos de compensação através dos fenômenos oníricos. Neles, os conteúdos com baixa libido são energizados o suficiente para se projetarem como representações simbólicas no campo da consciência, como relatórios criptografados do que realmente está acontecendo na vida pessoal e que o ego não está percebendo, ou não quer perceber, por causa dos seus mecanismos de defesa.

Consciência

A psiquê, portanto, possui uma estrutura em que se encontram dois tipos de representações que se diferenciam pelo valor energético próprio: os com alta energeticidade formam o campo da consciência, sendo percebidos e utilizados pelo ego em seus processos, no cotidiano da existência; e os que não têm, ou perderem seu coeficiente energético, desaparecendo do campo da consciência. Assim, a psiquê pode ser dividida em *psiquê consciente* e *psiquê inconsciente*.

> Podemos dizer que a personalidade humana é constituída de duas partes: a primeira é a consciência e tudo que ela abrange; a segunda é o interior de amplidão indeterminada da psique inconsciente. A personalidade consciente é mais ou menos definível é determinável. Mas, em relação à personalidade humana, como um todo, temos que admitir a impossibilidade de uma descrição completa dela. Em toda personalidade existe inevitavelmente algo de indelineável e de indefinível, uma vez que

ela apresenta um lado consciente observável, que não contém determinados fatores, cuja existência no entanto é forçoso admitir, se quisermos explicar a existência de certos fatos. Estes fatores desconhecidos constituem aquilo que designamos como o lado inconsciente da personalidade. (JUNG, 1988, par. 66).

O campo da consciência é definido por Jung como um *órgão de orientação*, formado por um complexo de sensações interiores e exteriores. A consciência é que permite, aos seres vivos, a constatação da existência de um mundo exterior e lhes dá a possibilidade de nele agir de diversas formas. Quando afirmo a consciência como uma faculdade dos seres vivos, refiro-me não à faculdade de ser *consciente* da consciência; simplesmente digo que todos os seres vivos *percebem os fatos exteriores a si*, embora, muitas vezes, não *saibam que estão percebendo*, agindo e reagindo instintivamente ao que percebem. E, é claro, mesmo que através de estruturas bioquímicas simples, ao captarem e reagirem aos estímulos do meio ambiente, têm de possuir uma zona de transformação de sensações físicas em psíquicas, o que vai criar uma diminuta zona de *inconsciente pessoal* por sobre o *inconsciente coletivo* que a presença do instinto já demonstra existir, pois os arquétipos[5], pelo menos os básicos, já se fazem presentes e atuantes como imagens do instinto. Afinal, são essas imagens que permitem, aos seres vivos, reproduzirem fielmente a construção de meios de sobrevivência de maneira absolutamente igual, mesmo quando não existe contato entre progenitores e suas crias, para transmissão de

---

5   Ver subcapítulo: Arquétipos e instintos

técnicas para tanto. Podemos rastrear a capacidade de eles perceberem o mundo exterior, das bactérias aos vírus, para poderem se defender das agressões do meio ambiente e encontrar seu alimento, apesar desses dois elementos, unicelulares e protocelulares, apresentarem grandes limitações no exercício das funções básicas que os fazem existir e se multiplicar.

Ao que tudo indica, somente o ser humano tem consciência efetiva de si mesmo e do meio ambiente, bem como de que é diferente dos demais seres e coisas a sua volta. Eis um conceito de Jung sobre consciente: "A consciência é a função ou atividade que mantém a relação dos conteúdos psíquicos com o eu" (JUNG, 1991, p. 781).

> O consciente parece penetrar em nós do exterior, sob a forma de *percepção sensorial*. Vemos, entendemos, apalpamos e sentimos o mundo e é assim que temos consciência. A percepção nos diz que qualquer coisa *é*. Mas ela não nos diz *o que é* qualquer coisa. 'Não é o processo da percepção que no-lo diz, é o da apercepção'(...)
>
> A consciência é, sobretudo, o produto da percepção e orientação no mundo *externo*, que provavelmente se localiza no cérebro e sua origem seria ectodérmica. No tempo de nossos ancestrais era provavelmente um sentido sensorial da pele (JUNG, 1998b, par. 13-14).

Estamos tão acostumados a sermos conscientes que não damos a devida importância a esse fenômeno, que é fundamental para nossa existência como indivíduos e como coletividade. A consciência permite a ação dos inúmeros processos que formam o fenômeno global da inteligência. A consciência da individualidade permite que vejamos o mundo muito além da possibilidade de comer, de defesa e de propagação da espécie.

Na verdade, usada pelos processos e funções que se conjugam no fenômeno da inteligência, a consciência é um portal que nos permite agregar coisas à natureza e usá-la amplamente em benefício próprio, por termos a capacidade de descobrir como os fenômenos naturais funcionam e de como podemos fazê-los agir a nosso favor, ampliando nossa capacidade de sobrevivência como espécie e, até mesmo, o que é paradoxal, nos facultando a possibilidade de nos destruirmos também enquanto espécie.

Não podemos, entretanto, falar de consciência sem definir o *ego* ou *eu*, que é o seu centro dinâmico, fundamental.

O Ego

Assim como os animais, a criança vive, desde o útero e até mais ou menos os três anos de idade, a vida orgânica inconsciente, automática, dentro dos padrões construídos pela evolução, ao longo de mais de 4,3 milhões de anos.

Gradualmente, à medida que os centros corticais são despertados pelos estímulos internos e externos, inicia-se a formação do complexo do ego, que centraliza todas as percepções num centro processador dos dados sensoriais, captados do ambiente interno e externo, o qual permite uma compreensão mais detalhada e global dos acontecimentos circunstanciais. É o que diz Jung na seguinte passagem: *"O eu constitui a expressão psicológica de uma combinação firmemente associada entre todas as sensações corporais*" (JUNG, 1986a, par. 83).

A definição deixa claro que Jung aceita a base orgânica do ego, que se estrutura a partir das sensações que, associadas a fatores psicológicos, formam um *centro da consciência*. Esse centro permite uma percepção globalizada do nosso entorno, bem como estabelecer a diferença entre os elementos que entram nessa percepção, o que, claramente, põe o ego como um complexo:

> Em pessoas normais, a instância psíquica mais importante é o complexo do eu: é a massa de representações do eu que, em nossa opinião, vem acompanhada pela tonalidade afetiva, poderosa e sempre presente, do próprio corpo (JUNG, 1986a, par. 82).

Naturalmente o ego não pode ser exclusivamente uma construção fisiopsíquica, porque temos de levar em conta que a alma não é apenas um produto da existência que está em curso, mas de um longo caminho evolucionário. Mas, mesmo que se veja a questão pelo viés material, existe uma manifestação do ego que não está adstrita à estrutura meramente fisiológica, que é o *ego onírico*. Aquele ego que usamos no sonho, que tem a capacidade de lidar com situações que seriam esdrúxulas e absurdas para o ego físico, que, por sua vez, não possui a menor condição e capacidade para lidar com elas. Como exemplo, não nos assombrar com o fato de conversarmos com pessoas que já morreram, com a capacidade de voarmos ou de nos vermos em situações e momentos cambiantes e completamente díspares. Desse outro ego, trataremos mais adiante.

Só temos consciência de nós, do que ocorre dentro de nós e à nossa volta, estabelecendo diferenças, vínculos e significados, por causa do complexo do ego. Somente se torna conscientemente percebido por nós aquilo que é *apresentado ao eu*. Esta é uma realidade fundamental. Tudo o que não é visto pelo ego, ou seja, é percebido subliminarmente, vai direto para o inconsciente. O ego é o fator determinante de nosso desenvolvimento, porque amplia a vida consciente, agregando-lhe conteúdos e permitindo uma interação com outros conteúdos já devidamente integrados à consciência.

Como um complexo, o ego tem, como base sobre a qual se estrutura, o *arquétipo do Si-mesmo*, ou *Self*, que será estudado mais detalhadamente no subcapítulo sobre o inconsciente coletivo e seus conteúdos.

O ego normalmente entra em conflito com o inconsciente por diversas razões, mas basicamente por sentir que não controla seus processos, vendo-se, dessa forma, ameaçado por ele. E o ego tem razão, pois:

> O encontro da consciência individual, estreitamente delimitada, mas de intensa clareza, com a tremenda extensão do inconsciente coletivo apresenta um perigo, pois o inconsciente tem um efeito dissolvente sobre a consciência (JUNG, 2003a, par. 46).

O desenvolvimento da personalidade, porém, exige que se estabeleça uma sintonia entre o consciente e o inconsciente, pois, à medida que o ego deixe de temer a influência do inconsciente e passe a conscientizar os seus conteúdos e a integrá-los à consciência, desfazem-se os eternos conflitos que têm prejudicado o crescimento espiritual do ser humano.

A integração de conteúdos do inconsciente à consciência acontece de forma natural, ao logo da própria evolução da humanidade:

> Os conteúdos do inconsciente ativado aparecem primeiro como projeção sobre o mundo externo e, no decurso do desenvolvimento espiritual, são gradualmente assimilados pela consciência e transformados em ideias conscientes, perdendo seu caráter originário autônomo e pessoal. Como sabemos, alguns dos velhos deuses tornaram-se, mediante a astrologia, meras qualidades (marcial, jovial, saturnino, erótico, lógico, lunático, etc.) (JUNG, 2003a, par. 49).

O Ego Físico e o Ego Espiritual

A evolução do ego provavelmente se inicia com o *australopitecus*, que tinha apenas indícios físicos do que viria a ser seu cérebro que, apesar de pequeno, cerca de 410 cm^3, apresentava-se arredondado, diferente, portanto, dos do chimpanzé e do gorila, mas assemelhado ao do homem moderno. Além disso, exibiam caninos pequenos e a localização do *foramen magnum* indicava postura bípede. Hoje, discute-se se o *Sahelanthropus tchadensis*, uma espécie de hominídeo, descrita em 19 de julho de 2001 por Michel Brunet, de mais ou menos 7 milhões de anos, pode ser a representação de um "elo perdido" que separou a linhagem humana da linhagem dos chimpanzés. Esta descoberta poderá mudar o conceito que tínhamos da evolução humana, que se iniciou com a descoberta do *Australopithecus africanus*, o "homem-macaco", em 1925. Hoje, a comunidade científica aceita razoavelmente bem que este é o fóssil do hominídeo mais antigo já encontrado, com 7 milhões de anos. Trata-se de uma indicação de que a bipedalismo humano não surgiu na savana, como se acreditava, mas na floresta tropical das imediações do Chade, hoje desérticas.

Para mim, representam dois ramos da evolução espiritual dos seres humanos. Neles, a evolução do sistema nervoso estrutura as condições fisiológicas para a manifestação das funções psíquicas superiores e, dentre elas, a estruturação do ego. Observe-se que os hominídeos, em todas as suas classes e famílias, apresentam características futuras do *homo sapiens*, o que demonstra que a evolução é atualização de potencialidades; quer dizer, o que se será já existe em nós, como a árvore numa semente, e evoluir significa *tornar-se o que já se é*.

O arquétipo do *Self* vem aprimorando a forma de manifestação da alma neste universo, desde o Big Bang, realizando-se gradativamente para alcançar sua completa manifestação no ápice da evolução. Ele vem comandando o progresso da indiferenciação básica do processo criativo para a individuação completa, a singularidade psíquica total.

No processo de atualização de potencialidades, que é a evolução, foi o ego que permitiu, ao ser humano, explorar os recursos naturais e acrescentar-lhe novos elementos, o que é antropologicamente conhecido como *cultura*. Entre o *homo erectus*, o homem do Neandertal, o do Cro-Magnon, vemos o desenvolvimento da inteligência e, naturalmente, do ego, sem o qual ela estaria limitada. O primeiro criou coisas básicas, como ferramentas rústicas, e aprendeu a usar o fogo; o segundo criou condições para sobreviver ao frio das eras glaciais, pelo uso da roupa, de armas e de utensílios mais aperfeiçoados. O terceiro, por seu turno, sofisticou tudo isso, ampliando e criando a arte tanto na escultura quanto na pintura, bem como o ponto de partida para as duas grandes aquisições que possibilitaram o surgimento da civilização: a agricultura e o pastoreio.

O nascimento do ego possibilitou, ao hominídeo, uma dimensão psíquica diferente daquela dos outros animais. Pelos instintos e necessidades básicas, era semelhante a eles; todavia, o ego lhe deu condições de liberar a inteligência dos fatores impulsivos e compulsivos dos instintos, tornando-a um instrumento essencial para seu desenvolvimento e sobrevivência como espécie.

Outros animais recebem os estímulos sensoriais, a eles reagindo, de forma automática, nos limites instintivos de autodefesa, sobrevivência e reprodução, com muito pouco uso da *inteligência*. O ego permitiu que a inteligência se desenvolvesse mais, juntamente com as mudanças físicas do cérebro, levando o homem primitivo a fazer associações complexas dos fenômenos que aconteciam à sua volta. O desenvolvimento da capacidade de fazer *analogias* fez o mundo se tornar um vasto campo de informações, que o hominídeo pôde aproveitar em seu favor, criando condições vitais para o seu crescimento como indivíduo e como espécie. É claro que a necessidade de defesa, sobrevivência e reprodução continuaram sendo os fatores fundamentais, mas passaram a ser atendidas de forma cada vez mais sofisticada, como seja, a criação e aperfeiçoamento de armas, utensílios, ferramentas e agasalho, chegando ao máximo no uso do fogo natural e, graças à capacidade analógica, ao ver que o choque de determinadas pedras gerava fagulhas, dominou esse elemento, apropriando-se de um importante elemento para sua sobrevivência.

O ego também foi a "serpente" que expulsou o ser humano do paraíso da vida instintiva para o "deserto" árido da responsabilidade dos seus atos, do conflito com os instintos, dos atos impulsivos seguidos de culpas torturantes a exigirem penitência. Mas, ao mesmo tempo, foi o que nos permitiu a descoberta do amor com todo o seu arsenal de emoções, inquietações, dores e angústias. A alegria permanente da amizade. A capacidade do autoconhecimento e da autotransformação.

A evolução não poderá trazer a destruição do ego; ao contrário, o expandirá à medida que ele aprender a assimilar, integrar e valorizar os conteúdos do inconsciente, aceitando suas compensações, e os impulsos arquetípicos, aprendendo a controlá-los e pô-los a serviço do seu próprio desenvolvimento harmonioso. Afinal, o inconsciente é natureza, e lidar com a natureza, fazendo-a trabalhar a seu favor, tem sido o seu escopo principal.

Quem quiser saber o que essa evolução significa tem de entender o significado da *individuação*. Eis um exemplo, parafraseando *O Livro dos Espíritos*: "Vede Jesus".

Existem, entretanto, mais coisas sobre o ego que temos de analisar, elevando nosso nível de raciocínio, para incluir nessa análise o fator espírito enquanto consciência que antecede o nascimento e sobrevive à morte do corpo.

O ego é um complexo constituído de duas dimensões específicas: uma de base orgânica, formada pelas sensações internas e externas, e outra psíquica, oriunda do inconsciente coletivo. Segundo a Psicologia Analítica, o complexo do ego, como todo complexo, tem como núcleo um *arquétipo*; no caso do ego, esse arquétipo é o do *Selbst* ou *Self* ou Si-mesmo ou da totalidade ou, finalmente, *imago Dei* (imagem de Deus). Pela quantidade de denominações, já se vê que é um arquétipo de grande importância, pois é o estruturador e mantenedor de todo o aparelho psíquico. Analisando o pensamento de Ramana Maharshi sobre a relação ego-Self, escreve Jung:

> O Maharshi também denomina o âtma de 'Eu-Eu', muito significativamente, portanto, visto que o si-mesmo é sentido como sujeito do sujeito, como a verdadeira fonte e o verdadeiro canal do eu cuja aspiração constante (e errônea) é apropriar-se daquela autonomia cuja percepção deve justamente ao si-mesmo (JUNG, 1988, par. 955)

Dessa forma, o ego se estrutura dentro das linhas de força do Si-mesmo e, assim como seu molde, torna-se o centro da consciência e passa a comandar todos os processos da consciência, pelo menos nominalmente. Mas existe um porém nesse conceito. Usando o método junguiano de análise de um tema psicológico, vejamos o que temos a aprender com o que vem acontecendo no desenvolvimento histórico-cultural do ser humano.

Analisando os povos primitivos, verifica-se, como venho tratando, que sempre houve, como ainda há, apesar da *Idade da Razão*, uma constelação arquetípica que atribui, a muitas das nossas representações, uma qualidade numinosa, que Lévy-Bruhl, como vimos, denominou de mística. À medida que recuamos no tempo, o predomínio dos arquétipos é tão forte que a consciência lhe fica subordinada inteiramente. É nessa constelação arquetípica que nasce um conceito importante, a imortalidade da alma, ou seja, todos temos um duplo que envolve e permeia o corpo físico, o qual, depois da sua morte, continua a existir no mundo espiritual. Todas as crônicas e histórias antigas narram fenômenos de aparecimento de fantasmas ou espectros que assombram ou ajudam os mortais.

Pode-se atribuir, e muitos o fazem, essas narrativas ao resultado da projeção de *complexos autônomos* do inconsciente, que se apresentam como seres dotados de personalidade, justamente pelo fato de os complexos, em suas manifestações, apresentarem uma personalidade restrita. Já os complexos autônomos teriam uma personalidade mais específica, mostrando-se como independentes.

O problema é que as experiências do magnetismo animal, mediúnicas e parapsicológicas, nos puseram diante da análise experimental das manifestações dos espíritos, bem como de fenômenos anímicos, os quais demonstram que o ser humano tem uma série de percepções que ultrapassam completamente os limitados cinco sentidos orgânicos.

Quanto à certeza pessoal de Jung com relação à continuidade da consciência após a morte física, leiamos o que escreveu Marie-Louise von Franz, sua discípula, desde os 18 anos de idade, que sempre esteve ao seu lado, participando ativamente dos seus estudos e privando de sua intimidade.

Marie-Louise informa que, embora considerasse os "espíritos", nos seus trabalhos psicológicos iniciais, "apenas" como complexos psíquicos, Jung mudou seu entendimento em trabalhos posteriores, chegando a afirmar que: "É difícil perceber como um fantasma 'vinculado a um lugar', por exemplo, possa ter sido evocado pelos complexos de uma pessoa" (Franz, 1997, p. 54).

O próprio Jung escreveu, em carta ao Dr. Fritz Künke, de Los Angeles, na Califórnia, o que pensava sobre o assunto:

Certa vez conversei longamente em Nova Iorque com um amigo de William James, Prof. Hyslop, sobre a questão da prova e da identidade. Ele admitiu que, considerando todos os fatores, a totalidade desses fenômenos metafísicos seria melhor explicada pela hipótese dos espíritos do que pelas qualidades e peculiaridades do inconsciente. Com base em minhas próprias experiências, preciso dar-lhe razão neste aspecto. Em cada caso particular preciso ser necessariamente cético, mas no geral devo conceder que a hipótese dos espíritos traz melhores resultados na prática do que outra qualquer (Jung, 2002, p. 35).

Em 1956, respondendo a H. J. Barret, dos Estados Unidos, escreve Jung sobre sua crença na imortalidade da alma:

Ainda que meu tempo seja escasso e minha idade avançada um fato real, tenho gosto em responder às suas perguntas. Não são fáceis como, por exemplo, a primeira: se eu acredito numa sobrevivência pessoal após a morte. Não poderia dizer que acredito nela, pois não tenho o dom da fé. Só posso dizer se sei alguma coisa ou não.

1. Sei que a psique possui certas qualidades que transcendem os limites do tempo e do espaço. Em outras palavras, a psique pode tornar elásticas essas categorias, ou seja, 100 milhas podem ser reduzidas a uma jarda, e um ano a poucos segundos. Isto é um fato do qual temos todas as provas necessárias. Além disso, há certos fenômenos *post-mortem* que eu não consigo reduzir a ilusões subjetivas. Por isso, sei que a psique pode funcionar sem o empecilho das categorias de espaço e tempo. *Ergo* ela própria é um ser transcendental e, por isso, relativamente não espacial e "eterna". Isto não significa que eu tenha qualquer tipo de certeza quanto à natureza transcendental da psique. A psique pode ser qualquer coisa.

2. Não há razão alguma para supor que todos os chamados fenômenos psíquicos sejam efeitos ilusórios de nossos processos mentais.

3. Não acho que todos os relatos dos chamados fenômenos miraculosos (como precognição, telepatia, conhecimento supranormal, etc.) sejam duvidosos. Sei de muitos casos em que não paira a mínima dúvida sobre sua veracidade.

4. Não acho que as chamadas mensagens pessoais dos mortos devam ser rechaçadas *in globo* como ilusões. Immanuel Kant disse certa vez que duvidava de toda história individual sobre fantasmas, etc., mas, se tomadas em conjunto, havia algo nelas... Eu examino minuciosamente o meu material empírico e devo dizer que, entre muitíssimas suposições arbitrárias, há casos que me fazem titubear. Tomei como regra aplicar a sábia frase de Multatuli: Não existe nada que seja totalmente verdadeiro, nem mesmo esta frase (JUNG, 2003b, p. 53-54).

Apesar de muitas vezes apresentar uma posição agnóstica quanto às comunicações dos espíritos, ele termina concedendo que muitos fenômenos mediúnicos, que eufemisticamente denominou de *metafísicos*, são melhor explicados pela hipótese dos espíritos, do que produtos do inconsciente, ou *complexos autônomos* constelados.

Assim, quando os primitivos realizam cerimônias em que os espíritos dos antepassados se comunicam e falam com eles, porque seriam simplesmente complexos autônomos em manifestação? Por que não podem ser, em muitos casos, os próprios se manifestando, usando as faculdades dos médiuns nessas cerimônias? É interessante notar o que escreveu Aldous Huxley (1894-1963): "Há povos selvagens sem um Deus no verdadeiro sentido da palavra, mas não os há, em nenhum momento, sem 'espíritos'" (HUXLEY, apud BOZZANO, 1997, p. 32).

Muitas das religiões e cultos antigos defendem a ideia da preexistência da alma e sua encarnação em corpos físicos. Origenes (±185-253), o grande mestre cristão da Escola de Alexandria, teorizava que existiam, no mundo espiritual, as mesmas nações que havia na Terra, e delas vinham as almas que encarnavam nessas nações, isto é, havia nação espiritual romana, egípcia, síria, mesopotâmica etc., e as almas das suas homônimas terrestres vinham delas. As filosofias religiosas da Índia sempre ensinaram a preexistência das almas e sua encarnação e reencarnação. Pitágoras, Sócrates e Platão defenderam igualmente esses conceitos. O movimento mesmérico, o novo espiritualismo e o espírita, a partir da Idade Moderna, tomaram desses conceitos e os estudaram de acordo com os cânones científicos estabelecidos a partir do século XIX. E têm, portanto, de ser levados em conta.

Ora, sendo a alma preexistente e como mostram os estudos que foram do conhecimento de Jung e chegaram a ser defendidos por ele em várias oportunidade (ARGOLLO, 2004), temos de pensar se essas almas, no mundo espiritual, teriam consciência de si, ou não. Lendo a Ilíada e a Odisseia, vê-se que nelas as *sombras dos mortos* aparecem com consciência de si, pois sabem quem foram e o que são. Odisseu, evocando os espíritos dos mortos, conversa com Aquiles, afirmando que preferia ser o último dos servos encarnado do que rei no Hades. Tirésias, consultado, mantém a mesma faculdade de perscrutar e revelar o futuro etc. Da mesma forma, os espíritos, nas comunicações mediúnicas, sejam de efeitos físicos ou de efeitos inteligentes, demonstram manter a integridade mnemônica e a consciência de si mesmos.

Esses, como muitos outros casos, evidenciam uma atividade "egoica" nas *almas dos mortos*. Sabem quem são, mantêm os mesmos desejos, sonhos e esperanças. Simplesmente perderam o corpo físico. Recordam-se de todos os parentes que deixaram no mundo físico; e, de si mesmo, lembram-se de tudo o que aconteceu antes, durante e depois da morte. Muitos apresentam as mesmas psicopatias que acometem os espíritos encarnados, o que evidencia que são, substancialmente, semelhantes.

Apresentam-se com um corpo que reflete a forma do corpo físico, que perderam. E nesse corpo, normalmente, refletem-se as cicatrizes que possuíam em vida, bem como as restrições genéticas ou adquiridas por acidentes. Alguns apresentam as feridas de armas com as quais foram mortos, das quais manam sangue inestancável, o que mostra que é uma construção mental, inconsciente, e não um fato real. Senão, não poderiam continuar a andar, falar etc., pois haveriam de ficar exangues e ter problemas no metabolismo do corpo espiritual. Isso também reforça a ideia de que a vida no mundo espiritual é semelhante à que acontece nos sonhos, o que indica que ele é semelhante ao inconsciente, se não for uma extensão dele.

Agrupam-se em cidades, desenvolvem trabalhos e têm objetivos de vida. Formam grupos familiares, amam, odeiam, sofrem, choram, alegram-se, sentem saudade dos que ficaram na Terra etc. Enfim, vivem de forma semelhante ao que viviam quando encarnados. Todavia, enfrentam condições diferentes por causa do novo ecossistema.

Mas o que interessa a este estudo é o problema do ego. Sabemos hoje que o ego persiste na alma, após a morte do corpo. E quando ela volta a encarnar, o que podemos deduzir? O ego volta com ela e somente começa a aparecer por volta dos três anos, despojado das construções anteriores? A minha resposta é positiva. O ego veio sendo construído ao longo do processo evolutivo, na interação dialética entre a forma espiritual e os veículos que ela constrói, ou dos quais se aproveita. Portanto, nada que hoje apresentamos, tanto no físico quanto no psíquico, "apareceu" repentinamente; ao contrário, é o produto de um longo desenvolvimento.

A organogênese, repetindo a filogênese, evidencia esse fato; por outro lado, a psicogênese igualmente reflete a longa evolução psíquica, desde as bactérias primitivas até os outros animais superiores, pois guardamos as marcas da passagem por diversos filos, embora cada um de nós tenha passado por famílias diferentes, ao longo da escalada evolutiva pela imensa árvore filogenética.

Esclarecendo melhor, não fomos todos, obrigatoriamente, dos mesmos filos, gêneros e famílias. Podemos ter passado pelo filo dos insetos, mas encarnando como espécies diferentes. Todos passamos pelos répteis, mas nem todos fomos *raptores*, nem *brontossauros* ou *tiranossauros rex*. Como também, no reino vegetal, não passamos por todas as espécies, mas grupos de almas em evolução passaram por espécies diferentes. E isso deve influenciar nosso psiquismo, pois temos, no inconsciente, os registros dessas experiências iniciais, e nada que está no psiquismo fica sem função. Ao contrário, está sempre em atividade e, conforme situações estimuladoras, entram em ação, gerando ideias, impulsos e comportamentos, compatíveis ou não.

Sem dúvida, o ego, tanto no aspecto orgânico quanto no espiritual, vem se formando desde os primórdios da evolução. Afinal, ela é orientada pelo que denomino arquétipos primários, dos quais, a *imago dei* ou *Self* tem de ser primordial e o que orienta o despertar, ou a criação, dos demais arquétipos, que podem até mesmo ser derivados dele.

Desde o início, existe a *percepção do meio ambiente* em forma rudimentar de *sensibilidade ou tato*; gradualmente a percepção do meio vai se diferenciando, a partir da sensibilidade, em visão, olfato, audição e gosto. O estudo comparado dos organismos ao longo da evolução demonstra que as espécies usam mais um grupo de sentidos do que outros. Os seres sem olhos usam o tato, a audição e o olfato, naturalmente, em forma extrema. Outros usam mais a visão e, em seguida, o olfato. Outros sentem o ambiente através da sensibilidade tátil às variações elétricas, juntamente com o olfato, audição etc.

O ego, do ponto de vista físico, é a reunião das sensações físicas num ponto único. E isto evoluiu tanto na alma quanto no corpo, pois um influencia o outro dialeticamente.

Toda vez que o ser humano encarna, constrói um novo ego, mas, sem dúvida, além do *Self* enquanto matriz fundamental, existe, no espírito, uma *matriz "egoica"* preexistente. A regressão de memória apresenta o fato interessante das existências anteriores serem vistas, sentidas e compreendidas pelo ego atual, como se ele adquirisse uma dimensão bem maior para lidar com informações que não lhe foram "apresentadas". Mas, quando isso acontece, a pessoa está em estado alterado de consciência, logo, sob o império do inconsciente, o que significa que quem está lidando com a situação não pode ser o ego físico, mas outro ego, que podemos chamar de espiritual.

Acredito, pois, que um ego bem mais amplo exista no espírito, o qual pode se manifestar durante o sonho como um *ego onírico*, e que, por guardar as características fundamentais de sua evolução, ou seja, *assimilar as experiências "egoicas" anteriores*, tem a capacidade de lidar com situações extremas que, normalmente, desestruturariam o ego físico.

O sonho é uma produção psíquica em que o consciente, no momento de sua realização, está fora de ação. Esta afirmação pode ser considerada como verdadeira até um ponto: o de se levar em conta que o sonho pode ser também o produto de uma vivência espiritual, isto é, de ações *conscientes* levadas a efeito pelo espírito de quem dorme, desligado temporariamente do corpo físico por causa do sono. Neste caso, não se pode dizer que o fato é inconsciente, pois o espírito está consciente de si, sabe que está num ambiente espiritual e interagindo com outros espíritos, que tanto podem estar encarnados quanto desencarnados. É claro que estou me referindo a pessoas com a capacidade de se saber nessas condições quando fora do corpo, pois existem aquelas que não percebem nada, pois não têm a capacidade psíquica de se apropriar dessas percepções.

Ora, sendo o espírito consciente de que está vivendo, no momento do sonho, no mundo dos espíritos, fica evidente que está em atividade um ponto aglutinador dos estímulos recebidos pelo organismo espiritual; logo, estamos diante de uma consciência, o que implica a existência de uma ação "egoica". Isto porque sabemos que somente se pode ter consciência daquilo que o ego toma conhecimento, ou como diz Jung, *do que é apresentado ao ego*. Nesse caso, desde que a consciência ligada ao corpo físico está em estado de suspensão, que ego é esse? Não se trata do ego físico, mas de um ego que pertence ao espírito.

Esse ego, que se denomina *ego onírico*, proporciona ao espírito uma consciência que vai além da capacidade do ego físico, pois ele não demonstra estranheza ao lidar com os fenômenos próprios do mundo espiritual, como volitar, transferir-se instantaneamente de um ambiente a outro e lidar com espíritos conhecidos já desencarnados sem qualquer assombro ou medo.

Assim, consolida-se minha afirmação de que existe um *ego espiritual*, próprio, que é estruturado de forma a poder viver num ambiente que é o seu de origem. O *ego espiritual*, pois, é o que em Psicologia Analítica se denomina *ego onírico*, por ser o ego ativado quando o espírito se desdobra do corpo, por ocasião do sono. Eis como Jung se refere ao ego onírico, expressando sua perplexidade diante dele, sua origem e funcionamento:

> Da mesma forma como pessoas e coisas reais entram em nosso campo de visão durante o estado de vigília, assim também **as imagens oníricas entram no campo da consciência do eu onírico como uma outra espécie de realidade. Temos a sensação não de que produzimos os sonhos, mas de que os sonhos vêm até nós. Não dependem de nosso arbítrio, mas obedecem às suas próprias leis. Constituem, manifestamente, complexos psíquicos autônomos formados com seus próprios materiais. Não conhecemos as fontes de seus motivos, por isso afirmamos que os sonhos provêm do inconsciente. Dizendo isto, admitimos a existência de complexos psíquicos autônomos que escapam ao controle de nossa consciência e surgem e desaparecem segundo suas próprias leis** (JUNG, 1998a, par. 580. Destaque nosso).

É claro que uma psicologia voltada apenas para o espírito encarnado ressente-se de elementos que possam trazer mais esclarecimentos ao fenômeno do sonho. E também causa perplexidade a existência de uma manifestação egoica durante a atividade onírica.

Como definir este ego que nos faz perceber o que acontece durante o sonho, se o ego físico deveria estar bloqueado pela inibição das células corticais, por causa do sono? Mas, ao considerar o espírito como uma entidade independente do corpo, pode-se trabalhar com hipóteses mais amplas. E Jung sabia disso, com certeza, mas se esquivou de tratar do tema com a amplitude necessária:

> Por isto, parece-me que a diferença existente entre a atividade no estado de vigília e a atividade no estado hípnico é muito importante. No estado de vigília, a psique se acha aparentemente sob o controle da vontade consciente, mas **no estado hípnico produzem conteúdos que irrompem, quais seres estranhos e incompreensíveis, na consciência, como se viessem de um outro mundo** (JUNG, 1998a, par. 580. Destaque nosso).

É o que realmente ocorre; tudo se passa num *outro mundo*, o mundo espiritual, de onde viemos e para onde voltaremos após a morte. Logo, temos então um ego vinculado ao corpo, que tem origem, basicamente, em suas percepções sensoriais, e um ego que reside no inconsciente, que é anterior ao corpo e permanece quando este morre. Pode-se então usar para ele a denominação de *ego espiritual*.

O Inconsciente

Nunca se pode esquecer que a consciência é uma conquista bem recente do psiquismo. Antes dela aparecer, o ser humano primitivo não tinha consciência de si mesmo. Ele vivia o aspecto nebuloso do psiquismo: o inconsciente. Este tão formidável e poderoso que sempre vivemos sob sua influência e diretriz, sem nos darmos conta disso. Somente no século XIX se começou a desconfiar de que o ser humano possuía uma dimensão psíquica por detrás da consciência.

Desde metade do século XVIII, a Europa foi impactada por fenômenos mediúnicos e do magnetismo animal. Immanuel Swedenborg (1688-1722), conhecido como o Leonardo Da Vinci da Suécia, sacode o mundo intelectual do seu tempo, sendo seus fenômenos comentados até por Immanuel Kant (1724-1804). Os pós-kantianos, com Arthur Schopenhauer (1788-1760) à frente, teorizaram sobre a existência de uma força inconsciente que promove a evolução psíquica, construindo a consciência de si mesmo.

Isto porque, Carl Gustav Carus (1789-1869) filosofou especificamente sobre o inconsciente e suas funções.

O magnetismo animal de Franz Anton Mesmer (1734-1815), descobriu os fenômenos de clarividência sonambúlica; além da apresentação de conhecimentos muitos maiores do que os do "sujet" magnetizados, uma extensa gama de outros, hoje catalogados pela parapsicologia. A respeito da clarividência sonambúlica, Schopenhauer, em um de seus trabalhos, afirma:

> ...de uma parte, não se trata para mim de contar nem explicar fatos, mas de expor a teoria; de outra parte, seria necessário, para mim, escrever um grosso volume, se quisesse repetir todas as histórias de magnetismo, visões, aparecimentos, etc., do qual a matéria serve de base ao nosso tema e que tem sido contado já em numerosas obras; por último, não me sinto de modo algum disposto a combater o cepticismo da ignorância, cujo comportamento excessivamente hábil se desacredita dia a dia e tem curso somente na Inglaterra. Aquele que duvida do magnetismo animal e sua clarividência deve ser qualificado não de incrédulo, mas ignorante. Eu espero ainda e devo pressupor que se conhecem, pelo menos, algumas das obras tão numerosas relativas às aparições, ou que se está a par deste assunto de uma ou outra maneira. Não dou, sequer, as citações referentes a estas obras; apenas digo que se tratam de fatos especiais ou pontos em litígio. De resto, acredito que o leitor, que sem dúvida me conhece já por outros trabalhos, considerará que se admito certos fatos como fundados é que os colhi de muito boa fonte ou da minha própria experiência (SCHOPENHAUER, 2005, 192-193. Tradução nossa).

Justinus Kerner (1786-1862), o notável pensador, cientista, pesquisador e filósofo alemão, pesquisou os fenômenos mediúnicos que aconteceram, na Alemanha, com a médium de efeitos físicos e clarividente Frederike Hauffe (1801–1829), cujos resultados publicou em sua minuciosa obra *A vidente de Prevorst*. Este livro e outras publicações sobre diversos fenômenos mediúnicos acontecidos na Europa forçaram médicos e filósofos a se voltarem para o estudo do psiquismo e comprovar que o ser humano podia ser motivado por forças sobre as quais não tinha conhecimento e, portanto, não controlava.

Assim, ao final do século XIX, chegou-se ao estudo de Eduard von Hartmann (1842-1906), publicado em 1869, *A Filosofia do Inconsciente*, cuja 10ª edição, em 1890, prova como foi bem recebido. Nele, traçou as linhas mestras do inconsciente psíquico, servindo de base para as conclusões de Freud (1845-1939) e de Jung. Hartmann e todos os que se dedicaram, no período, ao estudo da psiquê, o fizeram tentando achar uma teoria "científica" para os fenômenos mediúnicos, a fim de afastarem a "hipótese" de que eram produzidos pelos espíritos dos mortos. Mas o que importa é que os estudos demonstraram, como os fenômenos deixavam claro, que existe, na psiquê humana, além do consciente, uma coleção de conteúdos que desapareceram dele, ou que nele nunca estiveram.

O inconsciente é a matriz básica agindo no interior dos seres e da própria Natureza. Ele sempre agiu no passado e pode se projetar além do presente:

> O inconsciente limita-se não apenas aos processos de instintos e reflexos dos centros subcorticais, mas também ultrapassa a consciência, antecipando com seus símbolos futuros processos da consciência. Por isso ele também é uma forma de supra consciência (JUNG, 2003a, par. 229).

O inconsciente é uma instância psíquica complexa que se divide em duas grandes instâncias de grupos de conteúdos com aspectos diversificados, mas congruentes: o inconsciente pessoal e o inconsciente coletivo.

O Inconsciente Pessoal

A primeira instância inconsciente é a *pessoal*. Ela é formada por diversos conteúdos. Uma parte constitui-se de conteúdos psíquicos com pouca energia, que deixam o campo da consciência, tornando-se, portanto, *inconscientes*, quer por curto espaço, quer por um lapso muito grande de tempo.

> ...o inconsciente é o receptáculo de todas as lembranças perdidas e de todos aqueles conteúdos que ainda são muito débeis para se tornarem conscientes. Estes conteúdos são produzidos pela atividade associativa inconsciente que dá origem também aos sonhos. Além destes conteúdos, devemos considerar também todas aquelas repressões mais ou menos intencionais de pensamentos e impressões incômodas. À soma de todos estes conteúdos dou o nome de *inconsciente pessoal*. (JUNG, 1998a, par. 270).

Da mesma forma, no inconsciente pessoal, encontram-se conteúdos que foram renegados pelo "eu" e obrigados a perder libido, pois são motivo de conflitos insuportáveis para a consciência. Muitos desses conteúdos se agrupam por afinidade emocional, formando os *complexos de tonalidade afetiva*, que agem sobre a consciência, dominando o complexo do "eu" e interferindo no comportamento. Eles provocam diversos fenômenos incômodos, como esquecimentos, atitudes não esperadas pela pessoa e que, normalmente, geram embaraços e problemas de convivência social ou amorosa.

Acredito que o inconsciente pessoal tenha início ainda no ventre materno, a partir do momento em que o feto desenvolve um pouco mais o sistema nervoso, a ponto de poder registrar inconscientemente situações traumáticas, que gerarão complexos. Estes complexos influirão decisivamente no desenvolvimento psíquico posterior: "A camada pessoal termina com as recordações infantis mais remotas; o inconsciente coletivo, porém, contém o tempo pré-infantil, isto é, *os restos da vida dos antepassados*" (JUNG 1981, par. 118). E aqui temos uma afirmação interessante, que antecipa os estudos a respeito da chamada *memória genética*. Então, teríamos três grandes influências durante a formação do organismo, no período de gestação: o inconsciente coletivo do pai, o da mãe e o do espírito reencarnante. Ainda a influência dos antepassados, através dos mesmos inconscientes coletivos da tríade em comunhão. A participação mística também estaria em plena atividade, interligando, via os princípios espirituais dos gametas, o nascituro com *os restos da vida dos antepassados*, que não seriam apenas ações realizadas via inconsciente coletivo dos pais, mas daqueles cujos códigos genéticos estão inseridos nas células reprodutoras do pai e da mãe. Este é um novo e importante ângulo para a análise da formação genética do nascituro: uma participação mística que ultrapassa os limites do tempo, do espaço e das gerações.

Mas o inconsciente não é apenas um "receptáculo de restos da consciência", como se fora uma lixeira invisível. Ele também possui conteúdos que se formam nele, pela associação de suas representações, e que aparecem sob a forma de *apercepção* ou do que se costuma denominar *insights*.

O inconsciente pessoal contém lembranças perdidas, reprimidas (propositalmente esquecidas), evocações dolorosas, percepções que, por assim dizer, não ultrapassaram o limiar da consciência (subliminais), isto é, percepções dos sentidos que, por falta de intensidade, não atingiram a consciência e conteúdos que ainda não amadureceram para a consciência. Corresponde à figura da *sombra* que frequentemente aparece nos sonhos (JUNG, 1981, par. 103).

Complexos

No inconsciente pessoal, como vimos, encontram-se os conteúdos temporariamente inconscientes, originados das experiências cotidianas, que podem ser chamados à consciência por um ato da vontade. Ali estão, igualmente, os que irrompem na consciência independentemente de atos volitivos e aglomerados ideo-afetivos, que Jung denominou de complexos.

Jung estudou os complexos de forma experimental, utilizando a técnica da associação de palavras, no Hospital de Doenças mentais de Burghölzli, e os definiu como:

...agrupamentos de elementos psíquicos em torno de conteúdos afetivamente acentuados... é constituído de um elemento central e de um grande número de associações secundariamente consteladas. O núcleo central consta, por sua vez, de duas componentes, a saber: 1) de um fator determinado pela experiência, isto é, por um acontecimento vivido e ligado causalmente àquilo que o cerca, e 2) de um fator determinado pelas disposições internas e imanentes ao caráter do próprio indivíduo. O núcleo caracteriza-se pela sua tonalidade afetiva, pela acentuação dos afetos. Esta acentuação é, energeticamente falando, uma *quantidade de valor*. Subjetivamente é possível avaliar a quantidade de maneira mais ou menos aproximada, na medida em que o elemento central seja consciente. Mas quando o núcleo é de todo inconsciente, como acontece frequentemente, ou é inconsciente pelo menos em seu significado psicológico, a avaliação subjetiva torna-se impossível. Aqui deve-se lançar mão do método da avaliação indireta (JUNG, 1998a, par. 18 e 19).

Hoje em dia já se tem um amplo conhecimento dos complexos e outros fenômenos próprios do inconsciente pessoal. Eles têm sido estudados e catalogados, e já se tem um elenco razoável de psicopatologias, bem como métodos eficientes, quer farmacêuticos ou psicológicos, para tratá-las, curando ou minimizando seus efeitos nocivos no comportamento ou na personalidade.

Possuindo um dinamismo específico e sobrepondo-se à vontade, os complexos perturbam o funcionamento normal da psiquê e interferem, de forma compulsiva, no comportamento, alterando-o de forma impositiva, tendo as pessoas quase nenhuma defesa contra eles. Os atos falhos, de um modo geral, são produzidos por interferência dos complexos. "Hoje em dia podemos considerar como mais ou menos certo que os complexos são aspectos parciais da psique dissociados" (JUNG, 1998a, par. 204).

Normalmente, quando, por exemplo, esquecemos uma palavra, um nome, ou dizemos algo sem querer, ou escrevemos ou deixamos de escrever uma palavra, expressão ou linha, estamos sob o império de um complexo que é tocado por essas ações, o qual interfere no processo normal de associação, bloqueando-o. Os complexos, portanto, são conjuntos de vivências emocionais que se estruturam como unidades autônomas no inconsciente pessoal e, às vezes, na própria consciência.

> A etiologia de sua origem (dos complexos) é muitas vezes um chamado trauma, um choque emocional, ou coisa semelhante, que arrancou fora um pedaço da psique. Uma das causas mais frequentes é, na realidade, um conflito moral, cuja razão última reside na impossibilidade aparente de aderir à totalidade da natureza humana. Esta impossibilidade pressupõe uma dissociação imediata, quer a consciência do eu o saiba, quer não. Regra geral, há uma inconsciência pronunciada a respeito dos complexos, e isso naturalmente lhes confere uma liberdade ainda maior. (JUNG, 1998a, par. 204).

Jung chegou à descoberta dos complexos ao fazer estudos sobre a associação de palavras, com pessoas de diversos níveis sociais, de idade e de escolaridade. Usou igualmente recursos tecnológicos para medir a pressão sanguínea, a frequência respiratória e a sudorese dos indivíduos estudados, verificando que, ao ouvirem certas palavras, aconteciam reações orgânicas de vulto, bem como emocionais. Ao analisar as palavras que desencadearam as alterações fisiopsíquicas, verificou que elas recordavam situações emocionais que marcaram momentos da vida dos sujeitos estudados. À resultante dessas situações-problema, concluiu a existência dos *complexos de tonalidade afetiva* — conteúdos psíquicos a se demorarem no inconsciente pessoal e agindo sobre a vida das pessoas quando algum evento os ativa.

> O que é, portanto, cientificamente falando, um "complexo afetivo"? É a imagem de uma determinada situação psíquica de forte carga emocional e, além disso, incompatível com as disposições ou atitude habitual da consciência. Esta imagem é dotada de poderosa coerência interior e tem sua totalidade própria e goza de um grau relativamente elevado de autonomia, vale dizer: está sujeita ao controle das disposições da consciência até um certo limite e, por isto, se comporta, na esfera do consciente, como um *corpus alienum* [corpo estranho], animado de vida própria (JUNG, 1998a, par. 201).

Os complexos aparecem nos sonhos como personalidades, agindo e falando de forma normal, como qualquer ser humano; também aparecem como objetos, animais, paisagens e coisas diversas. Em todos os casos, o que aparece no sonho é sempre simbólico, uma representação figurada de algo muito mais profundo, com um significado oculto, mas cujo sentido pode ser identificado pela análise efetuada por uma pessoa devidamente credenciada para tanto.

O Inconsciente Coletivo

Em seus estudos sobre o psiquismo humano em todas as épocas, Jung percebeu que conteúdos psíquicos apareciam em visões, sonhos ou delírios, independente da classe, cultura ou etnologia das pessoas que os tinham. Esses conteúdos eram sempre semelhantes, aparecendo em todas as épocas da história, mesmo sem que houvesse ligações culturais ou de outro nível, por diversos impedimentos geográficos ou cronológicos, entre os indivíduos em que apareciam ou que os noticiavam. Por isso, ele definiu este estrato de conteúdos do inconsciente como:

> Conteúdos e modos de comportamento, os quais são 'cum grano salis' os mesmos em toda parte e em todos os indivíduos. Em outras palavras, são idênticos em todos os seres humanos, constituindo, portanto, um substrato psíquico comum de natureza psíquica suprapessoal que existe em cada indivíduo (JUNG, 2000, par. 3).

O estudo comparativo dos mitos de todas as épocas mostra que havia uma constante semelhança entre eles, mesmo que de povos distantes, na Antiguidade, como chineses e celtas, gregos e australianos, romanos e nativos das Américas. A partir desses e outros indícios, Jung descobriu que havia uma dimensão do inconsciente ainda não devidamente estudada, que, pela universalidade demonstrada pelos seus conteúdos, ele denominou de *inconsciente coletivo*.

> Essa descoberta significa mais um passo à frente na interpretação, a saber: a caracterização de *duas camadas no inconsciente*. Temos que distinguir o inconsciente *pessoal* do inconsciente *impessoal* ou *suprapessoal*. Chamamos este último de inconsciente *coletivo*, porque é desligado do inconsciente pessoal e por ser totalmente universal; e também porque seus conteúdos podem ser encontrados em toda parte, o que obviamente não é o caso dos conteúdos pessoais. (JUNG, 1981, par. 103).

Além de suas próprias criações, o inconsciente possui ainda outro conjunto de conteúdos, que se manifestam, não somente em estados paranoicos mas também de forma espontânea, em produções artísticas ou nos mitos e lendas de todos os povos: os *arquétipos*.

As imagens das recordações do inconsciente coletivo são imagens não preenchidas, por serem formas não vividas pessoalmente pelo indivíduo. Quando, porém, a regressão da energia psíquica ultrapassa o próprio tempo da primeira infância, penetrando nas pegadas ou na herança da vida ancestral, aí despertam os quadros mitológicos: os arquétipos. Abre-se então um mundo espiritual interior, de cuja existência nem sequer suspeitávamos (JUNG 1981, par. 118).

Arquétipos e Instintos

Arquétipo, do grego αρχή = antigo, princípio, e τύπός = marca, impressão, pegada, significa *impressão antiga*.

A pesquisa mitológica denomina-os de 'motivos'. Para Lévy-Bruhl trata-se de *representations collectives*, e Hubert e Mauss chamam-nos *catégories de la phantaisie*. Coloquei todos os arquétipos sob o conceito de inconsciente coletivo. São fatores hereditários universais cuja presença pode ser constatada onde quer que se encontrem monumentos literários correspondentes. Como fatores que influenciam o comportamento humano, os arquétipos desempenham um papel em nada desprezível. É principalmente mediante o processo de identificação que os arquétipos atuam alternadamente na personalidade total. Esta atuação se explica pelo fato de que os arquétipos provavelmente representam situações tipificadas da vida (JUNG, 1998a, par. 254).

Arquétipos e instintos formam um conjunto de conteúdos que aparecem no psiquismo de todos os seres humanos. São elementos que produzem fenômenos específicos não apenas na forma de pensar e sentir mas também interferindo no comportamento de forma impulsiva e determinante. Jung denominou esse conjunto de fatores psíquicos de *inconsciente coletivo*, justamente pelo fato de suas influências serem detectadas nos seres humanos de todos os tempos e lugares, independentemente do gênero, da idade, da classe social ou do nível cultural.

> Os conteúdos do inconsciente coletivo nunca estiveram na consciência, mas estão presentes em todo o tempo e em todo lugar. É todo um sistema psíquico, não pessoal, coletivo e herdado. São, portanto, formas preexistentes, que somente podem se tornar conscientes de forma secundária, conferindo forma definida aos conteúdos da consciência. Ora, os instintos também são fatores impessoais, universais, que não têm nada de vagos, mas são determinados e determinantes, além de agirem coletivamente. Eles guardam uma analogia rigorosa com os arquétipos, a ponto de estes poderem ser considerados *imagens inconscientes dos próprios instintos* (JUNG, 2000, par. 91).

Arquétipos e instintos têm uma forte relação, a ponto de Jung definir os primeiros como "imagens" do segundo. Os dois são *psicoides*, ou seja, têm uma natureza quase psíquica. Afirma Jung que, "com os instintos começam os *processos psicoides*, que pertencem à esfera do inconsciente como elementos *capazes de atingirem o nível da consciência*" (JUNG, 1998a, par. 380).

Os instintos são atos compulsivos que, até hoje, não têm uma conceituação adequada na ciência biológica, sendo usados como uma *panaceia nominal* quando o pesquisador dos seres vivos não consegue, ou não pode, definir certos comportamentos. "O arquétipo em si é um fator psicoide que pertence, por assim dizer, à parte invisível e ultravioleta do espectro psíquico" (JUNG, 1998a, par 417).

Os arquétipos não podem, enquanto tal, se tornar conscientes, e Jung os denomina imagens dos instintos e até *instintos psíquicos*, pois têm, como os instintos, uma ação coercitiva, não controlável pela consciência. Eles estabelecem padrões de comportamento automáticos e imperiosos.

> Da mesma maneira como os instintos impelem o homem a adotar uma forma de existência especificamente humana, assim também os arquétipos forçam a percepção e a intuição a assumirem determinados padrões especificamente humanos. Os instintos e os arquétipos formam conjuntamente o inconsciente coletivo (JUNG, 1998a, par. 269).

Os arquétipos, como *categorias a priori*, são elementos inconscientes, cujos conteúdos assumem matizes próprios da consciência individual, na qual se manifestam. Isto porque os arquétipos são como formas vazias que a adaptação psicológica do indivíduo preenche com suas formas pessoais e experienciais. A função e o impulso à ação do arquétipo serão sempre os mesmos, na pessoa ou coletividade em que se manifeste, no que diz respeito à modelagem e qualidade. Apenas a textura e aparência da *imagem arquetípica* será própria do psiquismo no qual ela se manifestou. Por exemplo: um paciente meu que havia sofrido um surto esquizofrênico me contou o seguinte sonho: "Estava caminhando à frente de minha esposa e filhas, quando, ao dar um pequeno salto, descobri que podia voar. Empolguei-me com esta descoberta, e me pus a dar saltos e me manter no ar. Depois, fui aumentando os saltos, até que, em dado momento, vi-me em plena estratosfera. Neste momento, perdi a condição de voar, e caí, cada vez mais rápido, em direção ao solo. Antes de me chocar com ele, acordei".

Percebe-se claramente, aí, um arquétipo representado no mito de Ícaro, o qual deixou-se arrebatar por um impulso, sem se dar conta de que não possuía a condição necessária para atingir o objetivo, que estava além de sua condição. O surto, ficou claro, se deveu a uma inflação do paciente que, originário de uma família pobre do interior, transladou-se na juventude para a capital, onde se formou em Economia e Administração, passando a trabalhar numa grande empresa estatal. Indicado para fazer um curso de doutorado no Canadá, foi tomado pela hîbris, a desmedida, achando-se mais do que realmente era.

Assim, ao imaginar-se capaz de "alcançar o sol", ou seja, sem limites, o inconsciente compensou a inflação, provocando o surto corretivo que o fez retornar ao chão, ao seu nível real, e nele o mantém.

A Problemática do Coletivo na Atualidade

O homem atual, que realizou inúmeras conquistas no campo da razão, olha com desprezo a maneira de pensar e sentir o mundo do primitivo, sentindo-se superior, como se estivesse livre do que denomina ingenuidade e ignorância, como se houvesse se libertado das representações místicas coletivas. Todavia, um rápido exame das formas de pensar e de comportamento do civilizado demonstra que, nele, o primitivo ainda está vivo e atuante, por debaixo do verniz de educação e racionalidade do qual se blasona.

Em primeiro lugar, porque todos vivemos, como o primitivo, sob o império do coletivo, em diversos níveis da existência. Afinal, nascemos sob o signo do coletivo, nele existimos e, por causa dele, alcançamos nossas conquistas e nos realizamos de várias formas. Graças ao coletivo, aprendemos a falar e organizar as representações coletivas que nos são transmitidas pela educação, desde os primeiros instantes do nascimento. O coletivo nos ensina o que vestir, o que comer, como nos divertirmos, como praticar os rituais religiosos, como exercer a cidadania, os vínculos políticos, a aquisição cultural etc. Mas o coletivo, por sua vez, atua de forma coercitiva sobre o psiquismo individual, provocando repressões de instintos básicos, criando distorções psíquicas e psicopatologias em graus diversos.

E aqui temos de fazer uma diferença fundamental entre *consciência coletiva* e inconsciente coletivo. A primeira é formada pelas crenças, valores e normas conscientemente aceitos e praticados no cotidiano, sujeitos às normas e costumes estabelecidos e que formam os protocolos sociais submetidos às sanções das normas legais e, principalmente, à "legislação consuetudinária", não escrita, mas de pleno vigor. Esse conjunto de usos e costumes se sobrepõe ao indivíduo, forçando-o a agir e pensar de acordo com a maioria.

O ser humano atual vive unilateralizado pelo racionalismo, a que se vê obrigado pela pressão social e cultural, abandonando e condenando o *irracional*, que fez parte da existência até que a *Idade da Razão* o forçou a se voltar para o mundo dos fenômenos físicos, reprimindo as expressões míticas, as representações numinosas que lhe caracterizavam os processos psíquicos por quase dez mil anos. Todavia, como os arquétipos são presença constante na vida pessoal e coletiva, eles estão sempre a forçar o irracional, na vida cotidiana, de mil e uma formas. Vemos, todos os dias, o ser humano atual às voltas com tudo que normalmente condena como *superstição*, que termina agindo sobre ele como formas inconscientes de atuação do irracional em seu viver, pois é um elemento indispensável à própria saúde mental. Não é por acaso que o cinema e a literatura abordam, com sucesso, temas de magia, vampirismo, enfim, do sobrenatural em todas as suas formas e modos.

A televisão, de maneira sistemática, vive apresentando documentários sobre assuntos racionalmente condenados, como profecias sobre o fim do mundo, revivendo as ideias a respeito de Nostradamus, dos Maias etc. Os mitos mais antigos dos celtas, gregos e romanos voltam à tona, com grande sucesso, muitas vezes em nova roupagem, mas com as mesmas características. Ao mesmo tempo, surgem novos mitos, como os de civilizações extraterrestres, ou de universos paralelos, ou de muitos povos e civilizações estruturados em formas mágicas, em que o sobrenatural é regra natural de viver, numa afirmação de que, para vivermos bem, temos necessidade absoluta do irracional.

Breve Análise da Evolução Psíquica do Ser Humano

Jung verificou algo muito óbvio, que os investigadores do inconsciente deixaram escapar: que o inconsciente é anterior à consciência, isto é, o ser humano nasce inconsciente e só gradualmente, à medida que se estrutura o *complexo do ego*, adquire consciência do seu entorno e de si mesmo, pois somente existe consciência quando, ao ego, as percepções sensoriais se apresentam. O ego, condição necessária e suficiente para a consciência de si, reunindo os elementos de percepção, permite que o ser humano se saiba existente e possa, na existência, ser agente de ações com significado conhecido.

Na verdade, a consciência emerge gradualmente do inconsciente e, assim como o ego, ela é um produto dele. Isto não somente acontece com o indivíduo atual, mas aconteceu durante a própria evolução do ser humano, de animal irracional a racional, ou melhor, inconsciente a consciente.

Regredir na história da terra e dos seres vivos é aproximar-se gradualmente do indiferenciado. Os princípios são caóticos, informes, aparentemente simples e sem maiores possibilidades. A intuição humana sempre percebeu isso, projetando em seus mitos de criação.

O ser humano emerge gradativamente da indiferenciação do inconsciente coletivo diante de um universo exterior a ele com seus variados fenômenos; percebe, então, a comunidade de seus semelhantes, com a qual estabelece complexas relações interindividuais. Ao mesmo tempo, sua psiquê lhe põe em íntima relação com processos interiores, com experiências vivenciais, compulsivas e emocionais, e com as vivências, para ele inexplicáveis, do sono e dos sonhos.

À medida que tinha de lidar com esses fatores externos e internos, ia gradualmente tornando-se consciente de si. Mas entre o seu psiquismo e o mundo externo não existe uma abrupta separação, como é comum hoje em dia. Os dois se mesclam e confundem, havendo uma continuidade natural: é o império do não ego, uma vivência absolutamente arquetípica.

Os nossos ancestrais, portando, fizeram uma caminhada psíquica a partir da indiferenciação, agindo sempre instintivamente; sua vida resumia-se na busca do alimento e na autopreservação, como os outros animais.

Puro instinto, o projeto de ser humano, gradualmente, adquiriu uma complexidade cerebral que lhe permitiu sair do circunscrito mundo da limitada percepção do entorno, do comportamento instintivo de ataque ou fuga, para uma apreciação mais qualificada das circunstâncias e tomada de decisões mais precisas e eficazes.

O desenvolvimento do neocórtex permitiu que o ser humano primitivo pudesse reunir todas as percepções sensoriais num agrupamento psíquico complexo, que lhe permitia processar os dados captados pelos sentidos como um todo associativo, levando à construção de juízos, tanto analíticos quanto conjunturais, de acordo com categorias preestabelecidas pelas experiências anteriores, mesmo quando defrontado pelo novo e inesperado. À medida que o inconsciente gerava e desenvolvia o campo da consciência, o ego se desenvolvia e passava a perceber-se e a fazer discriminação.

Foi quando surgiu a percepção de si mesmo e da distinção dos seres e coisas a sua volta. Mas essa percepção era extremamente relativa. À medida que se percebia, e percebia o ambiente, sendo capaz de saber que havia diferenças entre ele e os objetos, como também entre os objetos, o ser humano não tinha como estabelecer um distanciamento, uma separação definida, entre o que percebia e sentia em seu próprio mundo interno e o mundo externo.

As representações internas e o mundo exterior eram, para ele, uma coisa só, como se o mundo objetivo fosse uma mera extensão do seu mundo subjetivo. Com o surgimento da consciência, que emergia gradualmente do inconsciente, o ser parecia acordar de um sono milenar, tudo lhe parecia caótico, sem sentido definido, sem nexos causais elucidatórios. Como os outros animais, que viviam sob o império das imagens arquetípicas, o ser humano primitivo também era controlado pelo conjunto dos arquétipos que elaboram e mantêm as funções orgânicas e psíquicas.

A função projetiva do inconsciente é básica e permanente no processo existencial e exerce seu papel de forma automática e sem o controle da razão, ainda não desenvolvida. Os arquétipos se projetavam sobre o mundo circunjacente, antropomorfizando o mundo exterior, dando significado específico aos fenômenos e coisas que aconteciam no permanente devir existencial. Essa condição cria um entrelaçamento psíquico também entre os indivíduos, o qual é uma projeção do compartilhamento de conteúdos psíquicos no inconsciente, assim definido por Jung:

> Quanto mais retrocedermos na história, tanto mais veremos a personalidade desaparecendo sob o manto da coletividade. E quando chegamos à psicologia primitiva, nem vestígios encontramos do conceito de indivíduo. Em vez da individualidade, só acharemos relacionamento coletivo ou 'participação mística' (participation mystique). Esta atitude coletiva impede o reconhecimento e a valorização de uma psicologia diferente da do sujeito, pois a mente, orientada coletivamente, é totalmente incapaz de pensar e sentir de outra forma que não seja por projeção. O que entendemos sob o conceito de 'indivíduo' é uma aquisição relativamente nova na história do pensamento e cultura humanos. (JUNG, 1991, par. 9)

O homem primitivo é pré-lógico, percebe o mundo de forma mística, com uma numinosidade que resulta das projeções arquetípicas que se realizam automaticamente, criando uma participação mística, uma identidade entre ele e os seres e coisas de suas circunstâncias. Mas os processos psíquicos do primitivo são o resultado de intensa pressão do coletivo sobre os indivíduos dos grupos específicos. Nas tribos, os ritos iniciáticos, em que o sofrimento e o perigo são exacerbados, vinculam todos os membros a representações coletivas semelhantes, que são permeadas de intensos estados emocionais, a ponto de, a menor referência a tais representações, ou a visão de seres ou coisas que delas participam, fazer o indivíduo entrar em estados emocionais místicos, provocando reações ou ações inesperadas e incontroláveis.

A história pessoal de cada ser humano segue esse padrão delineado até agora. Da mesma forma que o embrião recapitula em largos traços, na ontogênese, a filogênese, a criança recapitula, no seu desenvolvimento pós-uterino, a psicogênese da humanidade ao longo de sua extensa jornada evolutiva, o que é referendado por Jung: "De acordo com a lei filogenética, recapitulamos, em nossa infância, reminiscências da pré-história da raça e da humanidade em geral" (JUNG, 1993, par. 55).

Fixando-nos apenas a partir do momento do nascimento, verificamos que o nascituro, em sua pequenez, um projeto já um tanto desenvolvido que, expulso do paraíso uterino, penetrou o deserto existencial, onde tem de "comer o pão com o suor do rosto". Deixou um período em que estava mergulhado no sono original, recebendo tudo, sem ter de fazer nada, para ser obrigado a exercer as funções de sobrevivência com esforço pessoal, constante; enfim, foi-lhe imposto um início de autonomia, que vai se tornar, cada vez mais, ampla e trabalhosa.

No útero, o ser humano vive a inconsciência, a indiferenciação, o não eu pleno. O nascimento força a que se inicie um processo de diferenciação. O nascer reside na separação do organismo materno, na necessidade de assumir os processos metabólicos básicos da oxigenação do sangue, na assimilação do alimento, sua digestão e excreção.

Enfim, apesar de ser ainda completamente dependente do auxílio externo, no caso dos cuidados maternos, e isto se estende por largo período de tempo do seu desenvolvimento orgânico e psíquico, a criança realiza o desenvolvimento gradual de sua própria existência.

Nos tempos iniciais, a criança apresenta-se na condição dos seres indiferenciados, como os monocelulares e as águas-vivas, vivendo ao sabor das circunstâncias, sendo levados de um lado para o outro sem apresentar reivindicações próprias, a não ser quanto aos impulsos naturais, básicos. É apenas uma coleção de instintos ativos, que tudo comanda através de ações compulsivas e reações da mesma ordem.

Vemos acontecer com a criança os mesmos processos que a humanidade vivenciou em sua evolução. Após o nascimento, passa pela mielinização dos neurônios, ativando os centros básicos do cérebro, gradualmente despertando as funções corticais; as funções mais básicas do controle orgânico e metabólico do corpo são inatas, são circuitos pré-impressos, *built-ins* preparados *a priori* pela evolução, sem os quais a vida não poderia se manter de forma autônoma.

Origem do Termo Participação Mística

Percepções e Representações

Tanto a Filosofia quanto a Psicologia já estabeleceram que temos, em nosso psiquismo, imagens do mundo, formadas pelas percepções sensoriais. Definem-se essas imagens como representações, que são a capacidade que temos de pensar fatos concretos, organizando-os num conjunto de categorias hierarquizadas e inter-relacionadas por fatores associativos comuns. Assim, quando vemos uma bola, temos, dela, uma sensação visual; se a tocamos, associamos duas percepções; se a provamos, cheiramos e ouvimos os ruídos que produz, formamos uma representação mental da bola.

Assim, toda vez que virmos uma bola, automaticamente a representação tornar-se-á consciente, fazendo-nos identificá-la. Por sua vez, a representação primordial será enriquecida e ampliada por essa e por novas percepções de bolas, feitas em outras ocasiões. De acordo com essa formulação simplista, podemos ter uma ideia de como nosso ser psíquico é saturado de imagens sensoriais, ou representações, das coisas exteriores.

Somente atingimos o mundo através das sensações. Logo, o mundo, cujas representações estão em nossa mente, depende totalmente da qualidade do nosso *sensorium*. Qualquer dos órgãos dos sentidos que apresente o mais leve problema causa algum prejuízo na representação registrada no psiquismo. E como o conjunto das representações está na base de nossa filosofia de vida, de nossa mundividência, se houver um grupo de representações inadequadas, automaticamente haverá uma falha em nossa visão de mundo e, por consequência, nossa vida interior e nossa relação com o mundo exterior sofrerão deficiências, gerando dificuldades de várias ordens ou conflitos. Por exemplo, uma visão que não perceba certas nuanças de cores, por causa de daltonismo limitado ou generalizado, proporciona uma análise deficiente da configuração policrômica do mundo e dos seres, e restringirá, de alguma forma, as possibilidades de desenvolvimento do daltônico. Não o incapacitará de conseguir uma vida plena do ponto de vista econômico, social, cultural e afetivo, mas, sem dúvida, sua experiência sobre o mundo e seus fenômenos padecerá de inevitável restrição no que se refere ao fenômeno das cores na natureza.

As representações são extremamente complexas, pois o nosso mundo emocional estabelece o valor de cada uma delas e, por isso, as associações entre as novas representações e as já existentes no psiquismo ampliam a capacidade de avaliação do mundo. O que significa esse valor?

> Nossa psique possui inclusive um sistema extremamente refinado de avaliar, ou seja, o *sistema de valores psicológicos*. Os valores são avaliações de quantidades energéticas. Em relação a isto convém observar que dispomos não apenas de um sistema objetivo de valores, mas também de um sistema objetivo de medidas, ou sejam os valores morais e estéticos coletivos... O que é preciso considerar em primeira linha com relação ao

nosso objetivo é o *sistema subjetivo de valores*, as avaliações subjetivas de cada indivíduo em particular (JUNG, 1998a. Par. 14-15).

Isto é claro de acordo com a *energética psíquica*, que promove o registro e a hierarquização das percepções conforme a *escala subjetiva de valores*, levando-se em conta que elas passam, primeiramente, pela *escala objetiva de valores*. Isto significa uma dupla aferição dessas percepções e consequentes representações por elas induzidas, para inserção associativa num grupo pré-configurado de representações, adredemente registradas de acordo com a valoração que lhes foi atribuída.

Como sempre sentimos o meio ambiente por onde nos deslocamos, continuamente estamos registrando novas representações ou entendendo as percepções a partir de representações prévias já devidamente arquivadas em nosso inconsciente. E quanto maior o número de representações no psiquismo e a capacidade de integrá-las em conjuntos cambiantes e variados de configurações, maior será nossa capacidade de apreender os fenômenos internos e externos, permitindo-nos uma vida interior mais rica e uma visão de mundo mais adequada e consentânea.

Representações Coletivas

Mas não somente temos as representações criadas exclusivamente pelos nossos sentidos. O grupo ao qual pertencemos também nos induz ao que se denomina de *representações coletivas*. Estas são constituídas por usos, costumes e crenças sociais que nos são impostos desde o nascimento, por serem anteriores a nós e fazerem parte da consciência coletiva do grupo no qual viemos no mundo.

As representações coletivas são, portanto, conteúdos psíquicos comuns às pessoas de um mesmo grupo social. Sua transmissão se faz de geração em geração. Como ensinou o filósofo e sociólogo Émile Durkheim (1858-1917), discípulo de Auguste Comte (1798-1847), a sociedade é exterior ao indivíduo e sobre ele exerce pressão. Assim, as representações geradas pela sociedade e aceitas por ela são exteriores aos indivíduos; elas são para eles objetos de fé, e não o resultado de uma elaboração racional. Todos vivemos de acordo com os padrões sociais do grupo em que nos inserimos.

Em 1910, o filósofo e sociólogo Lévy-Bruhl lançou um importante trabalho, *Les Fonctions Mentales dans les Société Inférieurs*. Nele, estuda os processos mentais dos povos tribais que estão ainda em horizontes específicos: de coleta e/ou caça, da agricultura e/ou pastoreio. Baseando-se em estudos etnológicos e antropológicos, realizados por diversos pesquisadores em todo o mundo, e nas memórias de exploradores e missionários religiosos, analisou a formação das representações nas mentes que ainda estavam no horizonte de caça e coleta e suas reações diante dos eventos cotidianos.

Verificou Lévy-Bruhl que, quanto mais primitiva a sociedade, maior a preponderância das representações coletivas, pois o inconsciente coletivo está mais objetivamente ativo. O inconsciente coletivo identificado por Jung é uma instância psíquica comum a todos os seres, onde quer que se encontrem.

Como um produto social, as representações coletivas independem do indivíduo para existir, são impostas. Apresentam características irracionais e, apesar de somente existirem no psiquismo, são uma realidade social concreta. A linguagem, por exemplo, é um produto social anterior ao indivíduo, por ele, tem de ser aceita e incorporada; da mesma forma, os usos e costumes, como a maneira de vestir, os protocolos sociais, as etiquetas para as refeições em comum, a hospedagem de forasteiros etc., são fundados num conjunto de representações pré-formadas que a pessoa aprende e pratica de maneira automática.

Por também possuírem características numinosas, as representações coletivas impõem-se ao indivíduo, despertando sentimentos de respeito, temor, adoração etc. Numinoso foi o termo criado por Rudolf Oto (1869-1937), em 1925, para designar a essência do sagrado, num contexto não racional e paradoxal da experiência religiosa. Jung dele se apropriou para denominar as qualidades fascinantes, misteriosas e inefáveis dos arquétipos, que normalmente aparecem na consciência como uma manifestação de caráter místico.

Lévy-Bruhl verificou que os povos tribais têm um processamento mental diferente dos povos civilizados. As cerimônias iniciáticas e ritos de passagens, realizados em atmosfera de intensa emocionalidade – dores excruciantes, situações assustadoras em que a morte é uma forte possibilidade – geram representações de grande tonalidade afetiva. As representações coletivas têm caráter social, são dados *a priori* que influenciam toda a tribo, vinculando seus componentes a um conjunto de tradições e costumes de uma intensa qualidade numinosa, que Lévy-Bruhl denominou de mística.

> Usarei este termo (mística), à falta de um melhor, não por referência ao misticismo religioso das nossas sociedades, que é algo completamente diferente, mas no estrito sentido em que 'mística' significa a crença em forças, influências e ações imperceptíveis aos sentidos e, ainda assim, reais.[6]

As representações coletivas não obedecem às leis da psicologia estabelecidas com base na racionalidade, como impôs o iluminismo e a civilização moderna. Têm leis próprias que devem ser estudadas levando-se em conta as circunstâncias em que o indivíduo vive. Nas sociedades primitivas, elas são mais evidentes, sendo igualmente encontradas entre os civilizados. Seu estudo pode lançar luz sobre o nascimento de nossas categorias e princípios lógicos. Representações coletivas são um fenômeno complexo, em que se confundem características emocionais ou nervosas e motoras, afetadas e permeadas por elas.

Os indivíduos são obrigados a, frequentemente, introjetar as representações coletivas em circunstâncias que causam profunda

---

6 J'emploierai ce terme (mystique), faute d'un meilleur, non pas par allusion au mysticisme religieux de nos sociétés, qui est quelque chose d'assez différent, mais dans le sens étroitement défini « mystique » se dit de la croyance à des forces, à des influences, à des actions imperceptibles aux sens, et cependant réelles. (LÉVY-BRUHL, 1910, p.31).

impressão em sua sensibilidade; nas tribos, isso acontece em ritos de passagem, de criança para adulto, quando a iniciação lhe impõe um segundo nascimento. É o momento da transmissão dos ensinos ocultos, dos segredos e rituais, dos quais dependem a vida do grupo. É o momento em que as revelações são feitas em meio a cruéis torturas, sob as mais duras provas. Essas cerimônias, constantemente renovadas pelos rituais, influenciam toda a existência do indivíduo, pelos complexos de tonalidade afetiva que geram.

As representações coletivas se impõem ao indivíduo como uma *areté*, uma virtude, no sentido em que a usavam os gregos homéricos, como um poder oculto nos objetos e circunstâncias. Não são meras fantasias, mas uma realidade para os membros do grupo e parte integrante de sua representação; elas têm, portanto, um caráter místico, embora imperceptível aos sentidos. A percepção do primitivo é sempre envolvida por níveis, mais ou menos espessos, de representações de origem social.

No primitivo, a representação coletiva é indiferenciada, e tem, como dito anteriormente, qualidade numinosa, mística. A diferença entre a percepção do primitivo e a nossa deriva do fato de racionalizarmos as representações, pois nossa sociedade acostumou-se a um padrão racionalista, em que o misticismo é reprimido de forma sistemática.

Por mais longe que se remonte no tempo e quanto mais primitiva a sociedade, encontramos espíritos socializados, ou seja, ocupados por uma multidão de representações coletivas, transmitidas pela tradição, cuja origem se perde na noite dos tempos.

Os mitos, ritos funerários, as práticas agrárias, a magia simpática, não parecem ter nascido da necessidade de uma explicação racional: eles respondem às necessidades, a sentimentos coletivos mais imperiosos, poderosos e profundos do que eles mesmos, nas sociedades inferiores.[7]

No espírito do primitivo, não existe lugar para especulações: o conjunto das representações coletivas em seu psiquismo provoca sentimentos de inimaginável intensidade, pouco compatível com a contemplação desinteressada dos objetos, para criar o desejo somente intelectual de conhecer causas. Aos tipos sociais diferentes, correspondem mentalidades diferentes; instituições e costumes não são, no fundo, mais do que aspectos das representações coletivas, e essas representações são consideradas objetivamente.

O estudo comparativo das sociedades não pode ser separado do estudo das representações coletivas e das ligações entre as representações, que nelas dominam. As características mais comuns às sociedades humanas são: uma língua, tradições que se transmitem, instituições que se mantêm. As funções mentais superiores têm, por toda parte, um fundo que nem sempre é igual. Mas, como os organismos, as sociedades apresentam estruturas diferenciadas uma das outras e, por consequência, diferenças nas funções mentais superiores.

As representações coletivas nos povos primitivos estabelecem um vínculo entre os indivíduos e entre eles e o mundo natural,

---

7 Les mythes, les rites funéraires, les practiques agraires, la magie sympathique ne paraissent pas naître d'um besoin d'explication rationnelle: ils répondent à des besoin, à des sentiments collectifs autrement impérieux, puissants etprofonds que celui-lá dans les sociétés inférieurs (LÉVY-BRUHL, 1910, p. 21).

diferentemente do que acontece entre os povos de cultura mais racionalista:

> ...nas representações coletivas da mentalidade primitiva, os objetos, os seres, os fenômenos podem ser, de uma maneira incompreensível para nós, a um só tempo eles mesmos e outra coisa além deles mesmos. De uma forma não menos incompreensível, eles emitem e recebem forças, virtudes, qualidades, ações místicas, que se fazem sentir fora deles, sem que eles deixem de estar onde se encontram.[8]

Assim, os primitivos não percebem os fenômenos num fluxo de causalidade, mas através das propriedades numinosas de suas representações coletivas. Para eles, as relações entre os fenômenos ocorrem por associação de representações coletivas, e não por sequência lógica de causa e efeito. O antecedente tem a virtude mística de fazer aparecer o consequente, independentemente de tempo e espaço.

Participação Mística

A expressão *participação mística* foi proposta por Lévy-Bruhl com o objetivo de designar o modo como os povos primitivos percebem os objetos e seres, enfim, o mundo exterior; o fazem como sendo elementos deles próprios, embora tudo indique que o mundo e suas percepções sejam diferentes, de alguma forma, de si mesmos.

---

8   ...dans les représentations collectives de la mentalité primitive, les objets, les êtres, les phénomènes peuvent être, d'une façon incompréhensible pour nous, à la fois eux-mêmes et autre chose qu'eux-mêmes. D'une façon non moins incompréhensible, ils émettent et ils reçoivent des forces, des vertus, des qualités, des actions mystiques, qui se font sentir hors d'eux, sans cesser d'être où elles sont (LÉVY-BRUHL, 1910, p. 63).

Segundo o sociólogo francês, os Trumai, uma tribo do norte do Brasil, afirmam que são animais aquáticos; já seus vizinhos, os Bororós, afirmam ser araras vermelhas. Não que isto queira dizer que eles sejam transformações dessas aves, mas elas são Bororós metamorfoseados e devem ser tratadas como tal:

> Os Bororós, diz o Sr. von den Steinen, que não queria acreditar nisso, mas que teve de se render às evidências de suas declarações formais, os Bororós dão a entender, friamente, que eles já são araras, tal como se uma lagarta dissesse que ela já é uma borboleta.[9]

Na mentalidade do primitivo, diz Lévy-Bruhl, em diversos graus e formas, existe uma participação entre os seres ou os objetos, os quais se vinculam em grupos unitários, que formam as representações coletivas: "Eis porque, à falta de um termo melhor, eu chamarei *lei da participação* o princípio próprio da mentalidade 'primitiva' que rege as ligações e pré-ligações dessas representações"[10].

Lévy-Bruhl usou, como visto, a expressão participação mística para descrever a mentalidade dos primitivos, indicando como percebem a realidade externa. A mentalidade desses povos, de acordo com o conteúdo de suas representações, é mística. No âmbito desta mundividência, a participação é anterior à distinção entre o

---

9   Les Bororó, dit M. von den Steinen, qui ne voulait pas le croire, mais qui a dû se rendre à leurs affirmations formelles, les Bororó donnent froidement à entendre qu'ils sontactuellement des araras, exactement comme si une chenille disait qu'elle est un papillon) (LEVY-BRUHL, 1910, p. 61).

10 C'est pourquoi, faute d'un meilleur terme, j'appellerai loi de participation le principe propre de la mentalité « primitive » qui régit les liaisons et les préliaisons de ces représentations (LÉVY-BRUHL, 1910, p. 61).

percepto e os objetos; assim, a participação entre os objetos precede ou é contemporânea à formação das representações dos próprios objetos. Para exemplificar isso, Lévy-Bruhl usa um comportamento dos Orokaiva, um grupo de nativos da Nova Guiné, em relação aos seus mortos e os fantasmas deles.

> ...A participação não é estabelecida entre o morto e o cadáver, não representados claramente (caso em que seria a natureza de uma relação ou uma ligação, e deveria ficar claro ao entendimento); ela não vem dessas representações, ela não os supõe: ela lhes é anterior, ou pelo menos simultânea. O que é dado em *primeiro lugar* é a participação.[11]

---

11 ...la participation ne s'établit pas entre le mort et le cadavre plus ou moins nettement représentés (auquel cas elle serait de la nature d'une relation ou d'un rapport, et devrait pouvoir être rendue claire pour l'entendement) ; elle ne vient pas après ces représentations, elle ne les présuppose pas : elle leur est antérieure ou, pour le moins, simultanée. Ce qui est donné d'abord, c'est la participation (LÉVY-BRUHL, 1949, p. 8).

Participação Mística na Psicologia Analítica

Em 1911, Jung estava caminhando para o rompimento com Freud. Foi quando ele começou a publicar o seu Wandlungen und Symbole der Libido. Beiträge zur Entwicklungsgeschichte des Denkens, no terceiro volume do *Jarbuch für psychoanalytische und Psychopathologische Forschungen*, editado por Eugen Bleuler e Sigmund Freud. Este artigo, hoje, constitui a Parte I do volume V de suas *Obras completas* — Símbolos da Transformação —, que abrange os primeiros capítulos. No ano seguinte, 1912, ele publicou a Parte II, e ambas foram publicadas em livro no mesmo ano, causa da ruptura da amizade e da colaboração entre ele e Freud.

Na parte publicada em 1912, Jung cita, pela primeira vez, o termo participação mística, ao abordar sobre o modo como a psiquê humana começou a formar analogias, ampliando assim a visão de mundo do primitivo. No meio de sua conclusão ele escreveu:

> Surgiram com isso estas íntimas relações de analogia que LÉVI-BRUHL chamou apropriadamente de 'participation mystique'. É evidente que a esta tendência de encontrar analogias, que parte de conteúdos com conotação afetiva, cabe uma importância enorme para o desenvolvimento espiritual do homem (JUNG, 1986c, par. 203).

Nesse capítulo, Jung contradita a teoria sexual da Psicanálise e a tese de que a civilização é resultado do *tabu do incesto*, preparando o caminho para sua teoria da libido como uma energia psíquica e do *sacrifício*.

Assim, pouco depois de Lévy-Bruhl haver lançado o seu livro, Jung já estava utilizando o conceito de participação mística como um elemento teórico importante em sua teoria inicial sobre psiquismo humano e seus processos.

Projeção e Participação Mística

O valor da descoberta de Lévy-Bruhl, para Jung, foi de tal ordem que ele o cita em grande número dos seus escritos.

Como visto no capítulo Conceitos Básicos da Psicologia Analítica, contraditando a teoria do inconsciente como um mero resultado do trabalho da consciência, Jung verificou que o inconsciente é anterior ao consciente e sua matriz geradora. Os povos antigos até o aparecimento do *iluminismo*, assim como as crianças e grande parte dos seres humanos atuais, tanto primitivos quanto "civilizados", estão sob a influência mais intensa da *psiquê objetiva*. Isto quer dizer que o inconsciente não somente é mais forte do que a consciência iniciante como também se projeta sobre o mundo exterior, fazendo-o ser percebido sob uma perspectiva numinosa, ou seja, cria uma percepção *mística* da realidade e uma relação da mesma ordem com ela, uma participação mística como percebeu Lévy-Bruhl. Eis como Jung explica participação mística:

O fato significado por esta expressão (participação mística), um tanto difícil de entender, desempenha papel importante não só na psicologia primitiva mas também em nossa psicologia analítica. Resumindo, este fato consiste *numa identidade, numa inconsciência mútua*. Talvez tenha de explicar isso melhor: quando o mesmo complexo inconsciente está constelado em duas pessoas ao mesmo tempo, surge um efeito emocional estranho, ou seja, uma projeção que provoca atração ou repulsa entre ambos. Quando estou, juntamente com outra pessoa, inconsciente sobre um mesmo fato importante, torno-me, em parte, idêntico a ela e me comportarei em relação a ela como me comportaria em relação ao complexo em questão, se tivesse consciência dele (JUNG, 1993, par. 69).

Sobre o assunto, eis como se manifesta uma discípula de Jung, Jolande Jacob (1890-1973), em um livro sobre a Psicologia Analítica, por ele prefaciado:

El no poder diferenciar-se del objeto es un estado en el cual no sólo viven aún los pueblos primitivos, sino también los niños. En los individuos ingenuos - en los primitivos y en los niños - los contenidos de la psique individual no se diferencian aún de los de la psique colectiva y todavía no se contraponen, sino que se hallan en estado de participación, porque la proyección de los dioses, demonios, etc., no es concebida por ellos como función psicológica, sino simplemente admitida como una realidad. (JACOB, 1963, p. 144.)

Portanto, a participação mística se apresenta como um caso específico de *projeção*. E como se sabe, projeção "significa transferir para o objeto um processo psíquico subjetivo" (JUNG, 1991, par. 881). Pela projeção, a pessoa transfere conteúdos seus para outros seres ou coisas, buscando assim, inconscientemente, libertar-se de um conflito interno, de uma falta de identidade, que a perturba.

Baseia-se a projeção na identidade arcaica entre sujeito e objeto, mas só se pode denominá-la projeção quando aparece a necessidade de dissolver a identidade entre sujeito e objeto. Esta necessidade aparece quando a identidade se torna empecilho, isto é, quando a ausência de conteúdo para dentro do sujeito se torna desejável (JUNG, 1991 par. 881).

Nesse caso, enquadram-se os povos primitivos, as crianças e os adultos que vivem subjugados ao coletivo e os que sofrem de psicopatologias. Os participantes de grupos ideológicos vivem o fenômeno de participação mística, porquanto estão sob o império de *representações coletivas* que coagulam os processos psíquicos em torno de formas de pensar e sentir, a partir de configurações externas específicas, determinadas, envolvidas em forte *afetividade*.

> A identidade inconsciente é um fenômeno psicológico e psicopatológico amplamente conhecido (identidade com pessoas, coisas, funções, papéis, profissões de fé etc.). Entre os primitivos este fenômeno é apenas alguns graus mais acentuados do que no homem civilizado (JUNG, 1988, par. 817, n. 29).

Na verdade, verifica-se que a identificação inconsciente é um fenômeno muito mais generalizado do que se supunha, e este livro tem como objetivo também demonstrar isso. Quando o indivíduo se encontra em grupo, estabelece-se, de imediato, uma inter-relação inconsciente, pois ele se perde na indiferenciação do coletivo.

> Na massa predomina a *participation mystique*, que nada mais é do que uma identidade inconsciente. Por exemplo, quando se vai ao teatro, os olhares encontram imediatamente os olhares que se ligam uns aos outros; cada um olha como o outro olha e todos ficam presos à rede invisível da relação recíproca inconsciente. Se esta condição se intensifica, cada um

sente-se arrastado pela onda coletiva de identificação com os outros (JUNG, 2000, par. 26)

Por sua vez, a participação mística estabelece liames entre os indivíduos e suas circunstâncias, levando a certa segurança, pois existe um aparente controle. Pode-se verificar isto nas atitudes apotropaicas que os supersticiosos tomam, e que os fazem se sentir seguros diante dos medos internos que a superstição lhes impõe. Esses casos podem ser enquadrados nas condições obsessivas compulsivas. Andrew Samuels, aborda, com propriedade, o problema da participação mística nos casos psicopatológicos:

> Identificação projetiva ou participação mística é uma defesa precoce que também aparece na psicopatologia do adulto. Ela permite que o sujeito controle o objeto ou que, pelo menos, mantenha a ilusão de controle, por haver definido o objeto externo ou por havê-lo 'colorido' de acordo com a sua visão de mundo interna. [12]

A participação mística se enquadra perfeitamente como um estado projetivo específico, com características próprias, mas que, em última análise, é um problema de identidade entre sujeito e objeto, que vem dos tempos primitivos e se prolonga na humanidade atual, interferindo no comportamento e gerando consequências diversas na esfera psíquica do homem moderno. Os estudos de Jung demonstram que a participação mística é um aspecto importante no

---

12 Projective identification or participation mystique are early defenses which also appear in adult psychopathology. They enable the subject to control the object, or at least retain the illusion of control by having defined the external object or 'coloured' it according to the inner world view of the subject (SAMUELS, 1999, p.152).

cotidiano, por ser uma forma de inter-relação inconsciente, bastante comum entre pessoas. Porém, a participação mística, para Jung, não é apenas fenômeno psicológico, restrito ao indivíduo, mas extrapola os limites do psiquismo individual, estabelecendo conexões reais com os seres e coisas do mundo exterior.

Dessa forma, Jung atualiza o conceito de participação mística, demonstrando, de modo geral, sua influência no cotidiano de nossa vida e em nossos relacionamentos:

> Provavelmente o motivo pelo qual certas pessoas vêm particularmente para junto de você é elas serem portadores de uma verdade simbólica, e quem as recebe em sua psicologia somente pode fazê-lo com base em participação mística. Caso contrário, a outra pessoa não teria um ponto de apoio em sua alma.[13]

Tudo o que vive junto se influencia reciprocamente, porque existe uma *participação mística*, pois *o mana de um assimila o mana de outro*, diz Jung.

> *mana* não é um conceito, mas uma representação baseada na percepção da relação dos fenômenos. É a essência da *participation mystique*, descrita por Lévy-Bruhl. Na linguagem primitiva, só se indica o fato da relação e da experiência que ela provoca, como mostram claramente alguns dos exemplos dados acima, mas não a natureza ou a essência desta relação ou do princípio que a determina. A descoberta de uma designação adequada para a natureza e a essência da força unificadora estava reservada para um

---

13 Probably the reason that certain persons come particularly close to you is that they are carriers of a symbolic truth, for whoever gets at your psychology can do so only on the basis of participation mystique. Otherwise the other person would not have a handle on your soul (JUNG, 1984, p. 31).

nível de cultura ulterior que substituiu as denominações simbólicas (JUNG, 1998a, par. 127).

Essa identidade, esse apego de um ao outro, é um grande obstáculo ao relacionamento de um indivíduo com outro, ou melhor dizendo, entre duas individualidades.

Os estudos sobre o inconsciente levaram a uma compreensão maior da participação mística, pois se verificou que, no estado de absoluta indiferenciação, as almas estão ligadas umas às outras num fenômeno de unificação geral. Sobre isso, afirma a antiga filosofia oculta que *tudo é um*, como aparece em registros religiosos que descrevem os fenômenos do êxtase, do *Samadhi*:

> A constatação de que 'o próprio espírito é inseparável de outros espíritos' é outra maneira de exprimir o fato do complexo universal. Como todas as diferenças desaparecem no estado inconsciente, nada mais lógico que desapareça também a distinção psíquica entre os indivíduos particulares. Sempre que ocorre um abaissement du nouveau mental, deparamos com casos de identidade inconsciente ou de participação mística... (JUNG, 1988, par. 817)

A participação mística, ao estabelecer um *link* efetivo entre psiquismos, está na base de diversos fenômenos mediúnicos, paranormais e sincronísticos. Para Jung, a participação mística cria uma ligação inconsciente entre pessoas, não necessariamente conhecidas e até completamente desconhecidas, gerando vínculos que influenciam o sonho um do outro. A relação mística também pode acontecer entre o indivíduo e os objetos de um lugar, levando à percepção de acontecimentos ali vividos. Finalmente, a participação mística pode acontecer entre pessoas e animais, levando a fenômenos de feitos olfativos intensos enquanto a participação permanece ativa.

> Os animais também podem ser interpenetrados; às vezes se comportam de acordo com a psicologia dos homens por causa dessa interpenetração, e se nós não admitimos tais coisas, então somos as vítimas. Também há pessoas que assumem o mau cheiro de animais, pois eles cheiram como um zoológico, de modo que eu tenho que abrir as janelas [do consultório].[14]

Isto justifica o porquê elegi a participação mística como um estudo importante. Ela pode ser verificada no cotidiano dos pacientes, devendo ser levada em conta pelo terapeuta que deseje realizar um trabalho profícuo de psicopompo, para conduzi-los, do Hades da indiferenciação, para os Campos Elísios da individuação. Os fatos narrados até aqui, e adiante também, como se verá, apoiam o que acabo de afirmar.

Origem Espiritual da Participação Mística

Observando-se a evolução biológica, verifica-se que existe, nos seguimentos não racionais dos seres vivos, uma permanente ligação que transborda o espaço e o tempo, permitindo a transferência de comportamentos que não podem simplesmente

---

14 Animals also can be interpenetrated, they sometimes behave according to men's psychology because of that interpenetration, and if we do not admit such things, then we are the victims. Also there are people who take on evil animal smells; they smell like a zoo, so that I have to open the windows (JUNG,1984, p. 562).

serem adjudicados aos instintos, essa panaceia nominal, apresentando-se como um fenômeno claro de participação mística.

Rupert Sheldrake defende a existência da memória ser inerente à natureza e, mais ainda, que existe uma condição invisível de transmissão de comportamentos, que denominou de *ressonância mórfica*. É claro que suas ideias, neste particular, enquadram-se no conceito de participação mística, tal como foi entendido por Jung. Indica claramente que o inconsciente coletivo, com os instintos e suas imagens, os arquétipos, atua extrapolando os limites biopsíquicos dos seres vivos, criando uma interligação dinâmica entre eles.

Mas não podemos ficar presos a uma visão exclusivamente material do processo. Na base de todos os organismos vivos, existe um *princípio espiritual* que lhes serve de *modelo organizador*, ao mesmo tempo em que, na relação com eles, acumula experiências. Como sobrevive ao corpo, vai participar da criação e desenvolvimento de outro organismo que será, naturalmente, mais aprimorado por causa das experiências adquiridas na existência anterior. Espírito e corpo participam de uma *enantiodromia*, que a função transcendente do princípio inteligente resolve pela encarnação.

O psiquismo é um fator que participa do fator orgânico e do espiritual, pois espírito e corpo se inter-relacionam e compartilham suas experiências em regime dialético. Estas, com a morte do corpo, ficam inscritas no espírito, servindo como fator básico de um aprendizado e aprimoramento constante.

Dessa forma, podemos conceituar a evolução das espécies como um fenômeno que acontece em duas vertentes: uma vertical, que é o aprendizado individual da alma, que a transfere para uma nova existência; e outra, horizontal, que acontece durante a existência, através das ligações inconscientes entre os psiquismos. Dessas duas formas, as mutações e as adaptações do ser de uma espécie, ou de um grupo de seres da mesma espécie, que signifiquem transformações positivas no sentido evolucionário, são transferidas para os demais elementos, mesmo distantes no tempo e no espaço. No caso da *ressonância mórfica*, a transferência das informações transformadoras acontece como num fenômeno de *vasos comunicantes* entre seus inconscientes coletivos.

Ao definir as bases psíquicas da participação mística, Jung analisa o comportamento na esfera do psiquismo, que apresenta como sendo fruto do que se poderia chamar de uma *psiquificação do psíquico, o espírito*. Essa é a visão pessoal dele, mas que eu interpreto como o mecanismo de transferência de experiências do corpo ao espírito e também o contrário, quando o espírito influencia o corpo.

Na história do pensamento e das crenças humanas, o *espírito* sempre parece vir do alto, como se pode inferir, entre outros exemplos, do fenômeno do pentecostes. É sempre representado como luminoso e brilhante. Enquanto o seu oposto é tudo o que é escuro, turvo, reprovável e naturalmente vem de baixo. Isso indica que o espírito é sinônimo do que é bom, etéreo, liberdade máxima, sempre flutuando sobre o abismo. O espírito vive como a querer sempre se libertar do cárcere do corpo, do mundo material. E isto é claramente definido na obra fundamental do Espiritismo:

O Espírito encarnado permanece voluntariamente sob o seu envoltório corporal?

É como se perguntasses se o prisioneiro está satisfeito na cadeia. O Espírito encarnado aspira sem cessar à libertação, e quanto mais o envoltório é grosseiro, mais deseja dele se livrar

(Kardec, 2007, questão 400)

No mundo ctônico, refugiam-se as almas pusilânimes, fracas, que não conseguem se erguer ao mundo da luz, que não conseguem se transformar em algo superior. Na passagem do Quarto Evangelho, em que Jesus diz ao doutor da lei, Nicodemos, que é preciso nascer da água e do espírito, a água é a representação deste mundo, o mundo da matéria, pois é algo terrestre, tangível; afinal, ela forma a base dos fluidos corporais, como o sangue, a bílis, e se apresenta com odor fortemente animal, cheia de paixão. Já o inconsciente possui outro significado e age sobre o organismo humano de uma forma específica, como Jung bem esclarece:

O inconsciente é a psique que alcança, a partir da luz diurna de uma consciência espiritual, e moralmente lúcida, o sistema nervoso designado há muito tempo por 'simpático'. Este não controla, como o sistema cérebro-espinhal, a percepção e a atividade muscular e através delas o meio ambiente; mantém, no entanto, o equilíbrio da vida sem os órgãos dos sentidos, através das vias misteriosas de excitação, que não só anunciam a natureza mais profunda de outra vida mas também irradiam sobre ela um efeito interno. Neste sentido, **trata-se de um sistema** extremamente coletivo: a base operativa de toda *participation mystique*, ao passo que a função cérebro-espinhal culmina na distinção diferenciada do eu, e só apreende o superficial e exterior sempre por meio do espaço. Esta função capta tudo como 'fora', ao passo que o sistema simpático tudo vivencia como 'dentro'. (JUNG, 2000, par. 41 – Destaque nosso).

Perceba-se que o *sistema nervoso simpático* não é exclusivamente humano, mas comum aos outros animais que possuem coluna vertebral e nervos, comandando toda a estrutura orgânica. Assim, as bases psicofísicas da participação mística pertencem a todos os seres vivos, também aos do reino vegetal.

Os seres humanos do horizonte de caça e coleta, do horizonte agrícola, bem como os das diversas civilizações, tinham uma forma de pensar que se diferenciava bastante da que se tornou comum com a inauguração da *Idade da Razão*, que teve seu início, pelo menos teórico, no período que os historiadores convencionaram denominar de *Iluminismo*. Nesse largo período que vai do paleolítico até finais do século XVII ou início do século XVIII, o inconsciente do ser humano se projetava sobre o mundo exterior, num processo de continuidade, sem haver um perfeito sentimento de separatividade entre os fenômenos subjetivos e o mundo objetivo.

Por causa dessa continuidade, o primitivo *pensa* o mundo como se os seus pensamentos fossem entidades físicas, fazendo parte do seu cotidiano, com as quais convive. O mesmo fenômeno pode ser verificado nos estados psicóticos, quando os conteúdos psíquicos são tidos e havidos como realidades objetivas. O psicótico lida com seus pensamentos objetivados, como realidades, que de fato são para ele tão reais quanto as pessoas e as coisas externas do seu entorno. Isto porque ele está regredido ao estado primitivo da infância, que é um estado semelhante aos primeiros tempos da humanidade, durante sua evolução.

No primitivo, como nas crianças na primeira infância, o consciente é ainda um ensaio, não estando devidamente estabelecido. O inconsciente tem pleno vigor e o comando da situação. Seus conteúdos se projetam no mundo circunjacente, dando aos seres e coisas outra dimensão, pessoal e aparentemente intransmissível. O *aparentemente* tem sua razão de ser porque as projeções do inconsciente podem ser compartilhadas por outras pessoas.

Participação Mística e Mudanças Psicossomáticas dos Imigrantes

Merecem estudo as mudanças que acontecem, tanto no aspecto físico quanto psicológico, nos grupos que se transplantam para um outro país. Normalmente, os estrangeiros vão modificando seus hábitos por causa das condições do novo ecossistema onde foram viver. Também a convivência diária e a miscigenação com os nativos podem esclarecer algumas mudanças psíquicas e físicas que acontecem ao longo do tempo. A própria história humana tem muitos exemplos dessas transformações. Todavia, existem os casos de grupos que não só evitam a miscigenação como restringem ao máximo o contato com a população local. Mesmo assim, tais modificações acontecem, em curto período de tempo, também na geração ainda imigrante.

Conta Jung que, estando na América do Norte, ao ver um grande grupo de trabalhadores saindo de uma fábrica no Centro-Oeste daquele país, comentou, com a pessoa com quem estava, que nunca imaginara a existência tão grande de miscigenação com o sangue indígena. Ao que seu companheiro lhe retrucou, rindo, que não encontraria, naquela centena de pessoas, uma gota sequer de sangue indígena.

É fato conhecido que os imigrantes europeus, muitas vezes, levam consigo uma boa dose de racismo e evitam a todo custo se misturar aos nativos do país onde chegam, casando-se entre si. Aqui no Brasil, podem-se ver as comunidades asiáticas e europeias mantendo casamentos entre si para não se misturarem. É uma lei não escrita. Mas, gradualmente, tanto os que chegaram como seus descendentes vão absorvendo, via participação mística, a psicologia do lugar onde estão habitando.

Jung, analisando norte-americanos, não somente percebeu a influência psíquica dos peles-vermelhas como também dos negros que foram levados para os Estados Unidos como escravos. Os grupos étnicos, convivendo num mesmo ambiente geográfico, vivem a se influenciar mutuamente por via inconsciente, à revelia de suas crenças e desejos conscientes.

Quanto mais existe uma animosidade consciente entre grupos étnicos diferentes, mais estreito e impositivo se faz o contágio psíquico. Contrariando as disposições da consciência, os inconscientes se interligam e trocam informações, parecendo buscar uma homogeneidade existencial, além da consciência, o que pode, talvez, explicar as conquistas sociais que os grupos marginalizados e reprimidos terminam por conseguir. Afirma-se que "nasceu uma nova consciência" em relação às relações sociais conflituosas. Sem dúvida, isto aconteceu, não por força, mas apenas de um progresso do ponto de vista exclusivamente sociológico. E esse progresso aconteceu devido à participação mística, que possibilitou, à maioria repressora, a absorção de elementos psíquicos da minoria reprimida, o mesmo acontecendo inversamente. Por sua vez, isto culminou no aparecimento de um sentimento cada vez maior da necessidade da admissão social da minoria, pois a admissão inconsciente já atingira o ponto de massa crítica suficiente para se transformar em realidade existencial.

> Imaginemos um grande contingente de uma raça europeia transplantado para um solo estrangeiro, com condições climáticas totalmente diferentes. É de se esperar que esse grupo humano sofra certas modificações psíquicas e talvez até mutações físicas, no curso de algumas gerações, mesmo sem haver mistura com sangue estrangeiro. Temos um exemplo disto bem perto de nós. Trata-se dos judeus que se espalharam por diversos países da Europa e que apresentam diferenças marcantes que só podem ser explicadas pelas peculiaridades dos povos entre os quais vivem. Não é difícil distinguir um judeu espanhol de um judeu norte-africano e um judeu alemão de um judeu russo. Pode-se até distinguir, entre vários tipos de judeus russos, o tipo polonês do norte da Rússia e o tipo cossaco (JUNG, 1993, par. 93).

A Participação Mística como um Fato de Realidade

Lévi-Bruhl apresenta o fenômeno da participação mística como um fato meramente mental, adstrito ao indivíduo, sem ligação real com o mundo concreto, como se a psiquê fosse uma caixa preta onde os processos psíquicos se realizassem sem vínculo com o mundo exterior, a não ser pelos estímulos recebidos via os órgãos dos sentidos. Neste caso, a participação mística se restringiria apenas a modalidades semelhantes de sentir o mundo por parte dos membros de uma coletividade, sendo a identificação com ele um fenômeno exclusivamente subjetivo, cuja generalidade dever-se-ia, exclusivamente, ao fato de estarem todos submetidos às mesmas pressões sociais e a processos iniciáticos repetidos sempre da mesma maneira e sequência.

Para Jung, essa maneira de ser estava correta, mas incompleta. A educação e demais pressões sociais, entre elas os ritos de passagem, eram fatores que, numa comunidade, induziam uma forma de encarar o mundo e as coisas de modo semelhante. E isto se deve à própria estruturação do sistema nervoso, que condiciona todos os seres humanos, graças ao mesmo tipo de estrutura e funções que propicia a todos, a condições semelhantes. Afinal, os órgãos dos sentidos e os processos de percepção são iguais tanto no primitivo quanto no civilizado. Todavia, o psiquismo não está "preso" ao cérebro nem é uma série de processos fechados em si mesmo. Ele se projeta sobre o mundo exterior e exerce influência sobre ele. Esse é o caso da participação mística. Neste fenômeno, o inconsciente estabelece ligações efetivas com outros seres e com as coisas. Não ligações virtuais, mas ligações reais com uma troca de dados entre os elementos que dela participam. Podemos fazer uma analogia com fenômenos acontecidos no mundo subatômico onde, segundo a Física Quântica, o resultado de uma medição realizada em uma parte do sistema quântico pode ter um efeito instantâneo no resultado de uma medição realizada em outra parte, independentemente da distância que separa as duas partes. É o clássico paradoxo EPR[15].

Segundo a Física tradicional e a Física relativista, tal coisa é impossível, pois nada poderia ter uma velocidade maior do que a velocidade da luz. Todavia, o fenômeno já foi verificado como real em experimentos de laboratório. Analogamente, os inconscientes podem estabelecer uma ligação direta entre si, ou através de intermediários. Isto porque ele não está *preso* no cérebro ou no corpo, mas, ao contrário, se irradia muito além deles. Não posso deixar de mencionar, mais uma vez, que o inconsciente é anterior, modelador e sobrevivente ao organismo físico.

---

15 O paradoxo EPR ou Paradoxo de Einstein-Podolsky-Rosen é um experimento mental que questionava a natureza da previsão oriunda da teoria quântica de que o resultado de uma medição realizada em uma parte do sistema quântico pode ter um efeito instantâneo no resultado de uma medição realizada em outra parte, independentemente da distância que separa as duas partes. À primeira vista, isto vai de encontro aos princípios da relatividade especial, que estabelece que a informação não pode ser transmitida mais rapidamente que a velocidade da luz.

A Participação Mística em Diversos Aspectos do Viver

É verdade que, nos longínquos tempos em que alcançamos a egoconsciência, nossa participação mística era completa, pois o ego em formação não possuía recursos para se contrapor, de forma mais eficiente, ao inconsciente. O mesmo acontece com as crianças, cujo estado psíquico é semelhante ao do primitivo. Todavia, quanto mais estudo o assunto, me parece que a participação mística deixa de ter uma ação de primeiro plano à medida que o ego se torna mais senhor de si mesmo.

A ação da participação mística passa a acontecer em *arrièreplan*, de forma permanente, também como uma *sensitividade* que proporciona percepções e ligações inconscientes com fatos psíquicos acontecidos, ou que estão acontecendo, à nossa volta. E essa *comunicação subliminar permanente* é mais uma forma do inconsciente influenciar o consciente, compensatoriamente.

Neste capítulo, estudaremos diversas condições em que a participação mística se evidencia mais claramente.

Participação Mística entre Pais e Filhos

A ligação entre pais e filhos estriba-se, e muito, numa relação inconsciente, em que os arquétipos parentais e filiais realizam um complexo jogo existencial, com diversas consequências na vida, e, nesse jogo, a participação mística está sempre presente.

Que opinião, por exemplo, formará o leitor atento acerca do fato obscuro, mas inegável, da identificação do estado psíquico da criança com o inconsciente dos pais? A intuição nos leva a ver aí um campo repleto de possibilidades que nem podemos avaliar, um problema parecido com um monstro de muitas cabeças. Contudo, esse problema interessa tanto ao médico como ao biólogo, e também ao filósofo. Para quem estudou e conhece a psicologia de povos primitivos parece manifesto existir uma relação entre o conceito de 'identidade' e o que LÉVY-BRUHL designa como *participation mystique* ('participação mística'). (JUNG, 1986b, par. 83).

A clínica psicoterapêutica apresenta variados modos de participação mística na vida dos pacientes. O primeiro estágio em que a participação mística se mostra mais fortemente é no grupo familiar. O vínculo emocional entre pais e filhos é um elemento eficaz para o estabelecimento de uma ligação inconsciente mais forte.

A grande ligação primordial entre um ser e outro é a que acontece entre mãe e filho. É de tal maneira visceral que figuradamente se pode denominar a ligação inconsciente entre eles de *participação mística visceral*. A geração de uma criança é um fato arquetípico. Em primeiro lugar, o relacionamento que vai proporcionar a gravidez de uma mulher nasce de um impulso instintivo, portanto, inconsciente, e de uma projeção arquetípica, em que entram em cena os arquétipos do *animus* e da *anima*, como projeção de imagens parentais ou, em oposição a elas, na busca do parceiro para a perpetuação da espécie. O fato arquetípico da maternidade é tão flagrante que pode promover situações anômalas como a *pseudociese*, a gravidez ilusória, ou até distorcer o instinto mais fundamental da sobrevivência pessoal. Eis, a seguir, um exemplo acontecido em plena vida selvagem.

Saba Douglas-Hamilton, uma antropologista social, preservacionista da vida selvagem e humana na África e documentarista da vida animal em vários locais do globo, mora em Nairobi. Ela apresentou um documentário à BBC, no ano 2009, sobre um fato extraordinário acontecido na região Samburu, no Quênia. Uma leoa jovem, de cerca de três anos, adotou um filhote de órix. O órix é uma espécie de antílope, alimento muito apreciado pelos leões.

A leoa adotou o filhote de cerca de 15 dias de nascido contra seus instintos naturais de comê-lo. Passou quinze dias com fome, pois não tinha como alimentar sua "cria" nem deixá-lo em algum lugar para ir se alimentar. Os que acompanhavam o fato apostavam que a fome a faria devorá-lo. Isto não aconteceu. Ela cuidava do filhote com seus instintos maternais, lambendo-o, protegendo-o e chamando-o, como fazem os leões com seus filhotes quando se afastam muito. Somente não podia alimentá-lo. Enquanto a situação transcorria, deram o nome de Kamunyak, que significa *a abençoada*, à leoa, pelo que acontecia.

Vinham pessoas de vários lugares para ver o fenômeno, pois se espalhou que *Deus estava voltando* à terra. Após 15 dias, quando a leoa estava cansada demais, o filhote afastou-se um pouco dela e foi devorado por um leão. Kamunyak, então, pôde ir em frente, matar um javali e comer. Daí por diante, passou a adotar outros filhotes de órix, sendo que uns fugiram e outros morreram de fome porque não tinham como se alimentar.

Saba Douglas-Hamilton se mostra perplexa, no documentário, sem conseguir explicar a situação. Certo dia, Kamunyak sumiu. Mas a lenda permanece na região dos Samburus. Observe-se a ação do arquétipo materno num animal selvagem, suplantando o instinto do predador. Por esse exemplo pode-se imaginar o que os arquétipos, em geral, podem fazer, e fazem, num ser racional, quando constelam.

A criança é, num primeiro momento, durante nove meses, uma *extensão física* da mãe. Os dois são um, tanto em corpo como em alma, pois os dois inconscientes estão interligados; o do feto, perdido na inconsciência e na indiferenciação, e o da mãe envolvendo e permeando em grande parte. Ao se levar em conta a preexistência da alma do ser em formação, verifica-se que ele é forçado a um estado de indiferenciação, voltando aos estados iniciais do *princípio espiritual* ainda não desenvolvido, para poder repetir o padrão evolucionário da filogênese em seus largos e mais fundamentais estágios durante a organogênese.

O feto se torna fisicamente separado quando do nascimento, permanecendo, daí em diante, um ser autônomo. Todavia, enquanto os corpos se separam, a ligação inconsciente permanece, numa participação mística que vai exigir, mais tarde, um *novo parto,* um *nascimento psíquico*, com o corte do *cordão umbilical* da identidade psicológica, quando isto chega a acontecer...

A mãe projeta sobre o filho uma forte emocionalidade, graças aos processos mediados pelo arquétipo materno, os quais promovem a busca e a consecução da gravidez, bem como a necessidade dos cuidados para sobrevivência e desenvolvimento do filho. São comuns os eventos de sincronicidade entre mães e filhos, nos momentos em que o filho está em perigo ou apresentando estados doentios graves, à distância.

A ligação inconsciente entre pais e filhos é recíproca e atende a necessidades psicológicas de cada um, pois a participação mística é uma vinculação que atende a trocas inconscientes de pais e filhos, inelutavelmente. Eles se alimentam reciprocamente, apoiando-se nas necessidades íntimas de cada um e naquilo que cada elemento da participação pode fornecer:

> Pela 'participation mystique' alguém recebe vida de fora sob a forma de motivações inconscientes, com relação às quais não há responsabilidade, porque são inconscientes. Devido à consciência infantil, o peso da vida é mais leve ou assim parece. Não se está sozinho, vive-se inconscientemente em dois ou três. O filho se imagina no colo da mãe, protegido pelo pai. O pai renasce no filho. A mãe rejuvenesceu o pai em seu jovem esposo e, assim, não perdeu ela sua juventude (JUNG, 1993, par. 70).

Interação Inconsciente entre Pais e Filhos

A primeira influência sobre a criança é do consciente e inconsciente dos pais, os quais atuam sobre o novo ser de uma maneira que nenhum deles pode controlar; contra essa ação invisível não existe resistência nem poderia haver, pois os inconscientes do grupo familiar a desejam e necessitam.

> Existem razões de sobra para se acreditar que a psiquê da criança ainda esteja sob o domínio da psiquê dos pais, principalmente da mãe, e a tal ponto que a psiquê infantil deva ser considerada como apêndice funcional da psiquê dos pais. A individualidade psíquica da criança só se desenvolve mais tarde, depois de se estabelecer uma suficiente continuidade da consciência. O fato de a criança começar a falar de si mesma na terceira pessoa é, a meu ver, prova bem clara da impessoalidade de sua psicologia (JUNG, 1993, par. 61).

Não é uma influência pura e simples dos pais, mas de toda a estrutura familiar ancestral, como diz Jung:

> Na filosofia Hindu, fala-se sobre o karma, o destino. No começo se tem de trabalhar contra o destino, contra o destino familiar, por exemplo. Uma criança tende a ser completamente superada pelo destino herdado, a maldição familiar; ela é sufocada desde o início.[16]

O desenvolvimento da criança levará, gradualmente, à afirmação de uma certa autonomia, diminuindo um pouco a influência da participação mística total dos pais, pois o aparecimento do ego permitirá uma reação consciente ao domínio parental absoluto.

> Então, os jovens têm de trabalhar para se afastar dele. Têm de se diferenciar para poder viver; eles têm de se libertar do encantamento; têm

---

16 In Hindu philosophy, one is taught about karma, fate. In the beginning you must work against fate, against the family fate, for instance. A child would be absolutely overcome by the inherited fate, the family curse; it would be suffocated from the very beginning (JUNG, 1997, p. 57).

de rasgar os véus da inconsciência. Mas, havendo se libertado do mau destino familiar — seu pecado herdado — virá o momento, no meio da existência, quando sua tarefa se tornará difícil. Pois a tarefa final da vida, de acordo com o ensinamento Hindu, é da pessoa assumir o seu karma, para trabalhá-lo; caso contrário ele se acumulará e a pessoa tê-lo-á, novamente, na próxima existência, sendo um difícil problema a ser resolvido.[17]

Muito interessante as referências de Jung ao carma e outra existência, bem como às tarefas de todos nós no desenvolvimento existencial. Veja-se como o problema é complexo. Ao nascer, recebemos a carga de duas linhagens ancestrais via o psiquismo dos pais, mas não apenas. Sem dúvida, como já escrevi antes, via as *protoformas espirituais* dos gametas maternos e paternos, os quais estabelecem uma participação mística, através do tempo e do espaço, com todos que pertencem ao nosso caminho evolutivo. E junte-se a isso o destino pessoal com seu processo de autodesenvolvimento, como também o conjunto de psicopatologias adquiridas nas reencarnações anteriores. Dessa forma, cada encarnação representa um difícil caminho do herói com a *hamartia* familiar, como vemos descrito na Ilíada de Homero, atuando sobre o indivíduo e direcionando-o, à sua revelia, para as situações-problema que deve

---

17 So young people have to work away from it. They must differentiate themselves in order to live; they must free themselves from the spell; they must tear away the veils of unconsciousness. But having liberated yourself from the evil fate of family-your inherited sin-the moment will come in the middle of life when your task becomes difficult (JUNG, 1997, p. 57-58). In Hindu philosophy, one is taught about karma, fate. In the beginning you must work against fate, against the family fate, for instance. A child would be absolutely overcome by the inherited fate, the family curse; it would be suffocated from the very beginning (JUNG, 1997, p. 57).

enfrentar e resolver, quer dizer, ao seu destino imposto não apenas pelas suas ações transatas mas também *pelos restos de tarefas não cumpridas dos ancestrais*, como diria Jung.

É preciso, pois, repensar a problemática reencarnatória, colocando-a na complexa dimensão em que ocorre, com diversos elementos atuando, tanto internos ao espírito reencarnante quanto externos a ele.

Os pais não sabem, e não querem saber, que eles próprios, na maioria dos casos, constituem a fonte primária e principal, tanto da saúde psíquica como das neuroses de seus filhos. "Sabemos há muito tempo que as neuroses das crianças dependem do estado psíquico dos pais" (JUNG, 1998b, par. 840). Embora não exclusivamente, pois também muitas neuroses podem ser devidas às fantasias infantis projetadas sobre os pais ou conjunto familiar.

A criança está de tal maneira ligada, unida, à atitude psíquica dos pais que a maioria das perturbações nervosas acontecidas na infância geralmente tem origem em algo de perturbador na atmosfera psíquica dos pais, pois, como visto em citação anterior, o filho pode ser considerado um apêndice funcional da psiquê dos pais. Logo, tudo o que se passar neles e entre eles ressoará inevitavelmente na psiquê desse apêndice.

> Os filhos desenvolvem um sentimento numinoso em relação aos pais pelo fato da natural impotência que os fazem objeto de cuidados em todas as dimensões de suas limitadas vidas. Os pais representam a *providência divina*, ou seja, uma instância de poder que provê tudo de que precisam e que torna suas existências protegidas, satisfeitas suas necessidades básicas

e carências afetivas desde os instantes iniciais do viver, quando ainda totalmente inconscientes...

Os filhos, enquanto se desenvolvem, são estimulados e, de alguma forma, obrigados à imitação dos pais, o que significa um processo de identificação, fundamental para o estabelecimento da *participação mística*. 'O exemplo é o melhor dos mestres! Isto se verifica aqui como uma verdade, que já há muito é conhecida e que, ao mesmo tempo, é inexorável. Neste sentido, o que importa não são palavras boas e sábias, mas tão somente o agir e a vida real dos pais' (JUNG, 1986b, par. 80).

A participação mística entre pais e filhos, e vice-versa, permanece constante por toda a vida e termina influenciando em seu comportamento e em suas escolhas, como identifica Jung.

Esta '*participation mystique*' existe entre pais e filhos. Exemplo bem conhecido é a sogra que se identifica com a filha e, através dela, casa com o genro; ou o pai que pensa estar ajudando o filho quando o obriga a satisfazer os seus — os do pai — desejos como, por exemplo, na escolha da profissão ou no casamento. Por sua vez, o filho que se identifica com o pai é um exemplo igualmente bem conhecido. Mas existe uma vinculação muito estreita entre mãe e filha que, às vezes, pode ser demonstrada também através do experimento de associações (JUNG, 1993, par. 70).

Transferência e Contratransferência na Relação Familiar

Na relação familiar, as transferências e contratransferências acontecem de forma normal e costumeira, e a absorção de padrões e valores se faz normalmente. O que deve ser ressaltado, porém, é que a relação inconsciente é o fator primordial de trocas, e o cumprimento de costumes e leis pode servir igualmente para encobrir uma mentira de tal modo sutil que, por isso mesmo, escapa à percepção de outras pessoas. Dessa forma, conseguimos talvez evitar qualquer crítica e, possivelmente, enganar-nos a nós mesmos a respeito de nossa probidade, que é tão manifesta em nossa própria opinião. Mas, um tanto abaixo do nível mediano e comum da consciência, faz-se ouvir debilmente uma voz a dizer-nos: "Alguma coisa deve estar errada". Nesse particular, pouco importa se nosso julgamento de estarmos certos tem a aprovação da opinião pública ou do código de costumes morais. Certos casos apresentados neste livro comprovam claramente que existe uma lei terrível, uma lei que paira acima dos costumes morais humanos e acima dos conceitos de direito — uma lei que não se deixa enganar.

Mas não podemos esquecer, como visto no subcapítulo anterior, que uma família se compõe não somente de pais e filhos, mas dos avós materno e paterno, de irmãos, de tias e tios, primos e, muitas vezes, de empregados domésticos de diversas atribuições. E o inconsciente de todos eles se interligam num grande fenômeno de participação mística coletiva, através do qual se forma um emaranhado de trocas do mais variado aspecto.

Os filhos do casal se interligam aos pais, numa participação mística em que está presente a disputa uns com os outros, buscando obter de modo absoluto o cuidado e carinho deles e, em consequência, desenvolvendo, muitas vezes, uma luta consciente uns com outros. Acontece, então, nas famílias mais numerosas, o fenômeno das ligações conscientes e inconscientes entre grupos de filhos, opondo-se a outro grupo, também unido da mesma forma, ambos com o mesmo objetivo. O exemplo que se pode dar imediatamente é o do mito de Caim e Abel. Diferentes nas próprias escolhas de objeto de trabalho, um criador e o outro agricultor, eram naturalmente ligados por uma identificação inconsciente. Mas os conflitos conscientes foram agravados pelo Deus veterotestamentário, que demonstrou uma preferência absurda por Abel e provocou o primeiro crime da História. Claro que a culpa foi daquele Deus, pois ao privilegiar um, fez o outro desenvolver raiva e ressentimento. Como Caim não podia ferir Deus, para se vingar, matou o objeto de afeto explícito Dele.

Jung sinaliza o fato de que, na *participação mística*, existe a questão da *identidade*, e nada é realmente místico no sentido lídimo do termo, "como também não é absolutamente místico o metabolismo existente entre a mãe e o embrião" (JUNG, 1986b, par. 83). Mas é claro que a numinosidade dos arquétipos entram em jogo, sim, dando uma dimensão mística à identidade.

A identidade decorre, basicamente, do estado de inconsciência em que se encontra a criança, como todos nós sabemos. Esse tipo de relacionamento acontece com o homem primitivo, que apresenta a mesma falta de consciência. Em verdade a criança repete a psicogênese da humanidade. Os processos psíquicos da criança e do primitivo equivalem-se no fato de serem formados por representações místicas e por projeções arquetípicas. Enfim, de uma participação mística com o ambiente, sem uma delimitação efetiva entre o mundo psíquico e o mudo real.

> A falta de consciência é que origina a indiferenciação. Ainda não existe o 'eu' claramente diferenciado do resto das coisas, mas tudo o que existe são acontecimentos ou ocorrências, que tanto podem pertencer a mim como a qualquer outro. É suficiente que alguém se sinta afetado ou tocado por isso. A extraordinária força contagiante das reações emocionais já se encarrega de que todos os que porventura se encontrem por perto sejam igualmente envolvidos. Quanto mais débil é a consciência do 'eu', tanto menos importa considerar quem propriamente foi afetado e, igualmente, tanto menos está o indivíduo em condição de proteger-se contra o contágio geral. Essa proteção apenas poderia ser atuante se alguém fosse capaz de dizer: és tu que estás excitado ou furioso, e não eu, pois eu não sou tu. Esta é a situação da criança na família. Ela se sente atingida na mesma medida e do mesmo modo que todo o grupo. (JUNG, 1986b, par. 83).

Participação Mística e Educação

A educação mais comum é aquela que é realizada de forma inconsciente, no âmbito da sociedade. É a educação pelo exemplo, ou seja, a que é absorvida por meio da *lei de imitação*, que foi descrita por Gabriel Tarde. Esta espécie de educação ocorre espontaneamente e de modo inconsciente; por isso, é também a forma mais antiga e talvez a mais eficaz de toda e qualquer educação. Nesta educação, encontramos o fato de a criança se identificar mais ou menos com seus pais, do ponto de vista psicológico, o que acontece porque a criança está vivendo psiquicamente na mesma condição da psique primitiva. Aí se caracteriza o que, como vimos anteriormente, LÉVY-BRUHL denominou de *participação mística*. Assim, a educação da criança ainda inconsciente está baseada nas propriedades primitivas da psiquê, método que será

> ...sempre eficiente, mesmo quando todos os outros métodos diretos falharem; ocorre isso, p. ex., com os doentes mentais. Muitos desses doentes devem ser mantidos no trabalho para não degenerarem; seria quase sempre sem nenhum efeito pretender alguém dar-lhes conselhos ou mesmo ordens. Quando, porém, se veem colocados simplesmente em um grupo de trabalho, deixam-se por fim contagiar pelo exemplo dos outros e começam a trabalhar. É sobre este fato fundamental da identidade psíquica que se baseia, afinal, toda a educação; o agente eficaz, em última análise, será certamente esse contágio, que ocorre como que automaticamente. Este fator é tão importante que o melhor método educacional consciente pode, em certos casos, tornar-se completamente sem efeito, por causa do mau exemplo dado. (JUNG, 1986b, par. 253).

Participação Mística na Relação Amorosa

Outro estado emocional que estabelece vínculos subjetivos, proporcionadores de fenômenos de participação mística, é o apaixonamento. A paixão é um fenômeno de transferência em que o inconsciente é tomado pelo arquétipo de Eros, normalmente de forma súbita e inesperada. Afinal de contas:

> O amor é sempre um problema em qualquer idade. Na infância, o problema é o amor dos pais; para o ancião, o problema é saber o que fez

do seu amor. O amor é uma das grandes forças do destino que vai do céu até o inferno (JUNG, 1993, par. 198).

Na verdade, um estado de participação mística pode acontecer entre pessoas não casadas quando, conscientemente, existe entre elas uma situação de conflito, o que pode lhes favorecer um link inconsciente. O simples fato de alguém afetar o outro de forma emocional negativa indica a existência de uma projeção de sombra, ou seja, uma ligação arquetípica funcional.

As pessoas casadas, ou que vivem em estreito relacionamento, não podem ser analisadas psicologicamente como se o parceiro não existisse na vida delas. Não são, absolutamente, dois indivíduos separados, sem qualquer vinculação. Existe uma grande dificuldade em se separar o que pertence a cada um deles.

A chamada psicologia individual, em tal caso, tem de levar em conta que outro ser humano está agindo na mente do analisando e, naturalmente, que este age sobre aquele com quem vive. Existe uma influência dialética entre eles, sistemática, constante e dinâmica. Assim, toda ação psicológica que envolve parceiros é uma psicologia de relacionamento, e não a psicologia de um indivíduo. Como isolar a parte individual das partes inter-relacionadas?

Os sonhos das pessoas que vivem em relacionamento apresentam-nas como se fossem o *rotundum* platônico (PLATÃO, 1974, p. 574-575): passam a ter quatro pernas, quatro braços, duas cabeças e uma vida. Um parceiro está permeado pela esfera psicológica do outro e, assim, todo o problema da vida, todo o problema espiritual, está diretamente interpenetrado.

O ponto fulcral psicológico das pessoas em relacionamento é o material do relacionamento. Esse material carrega a marca de duas psicologias, e assim deve ser estudado. O inconsciente das pessoas em relacionamento está inevitavelmente interligado, e isto não pode ser esquecido (JUNG,1984,p.550-564).

E não é só isso. As pessoas que se ligam afetivamente, o fazem porque algum elemento arquetípico entrou em ação, acontecendo uma projeção de mão dupla, uma transferência e uma contratransferência, que cria o vínculo. Não fora assim, como se poderia explicar o fenômeno de uma pessoa que tem aversão consciente a outra terminar por ela se apaixonando e criando um vínculo relacional, amoroso? Vejamos, no que estamos vendo em Jung, um caso que corrobora essa afirmação.

Uma jovem, contando-me suas experiências amorosas, relatou-me uma que, particularmente, chamou minha atenção. Em sua *network*, havia um homem que lhe era extremamente antipático. Pessoa não confiável, astuciosa, mentirosa e desonesta. De sua parte, era objeto de uma rejeição sistemática e de críticas acerbas. De imediato, pode-se verificar que se tratava de uma projeção ativa, em que o inconsciente estabelecia um intenso *afeto*. Ela sempre evitava estar em contato *com aquele sujeito asqueroso*, segundo suas próprias palavras. Mas, um dia em que sua sócia não pôde ir a uma reunião de negócios com o referido *sujeito*, ela, muito a contragosto, foi em seu lugar, indignada e com raiva da situação. O resultado foi que, depois de algum tempo de conversa, ela se apaixonou pelo indivíduo, mantendo uma relação com ele que durou três anos, até que ela descobriu o elemento psíquico que ela projetava sobre ele, numa participação mística bem caracterizada: seu complexo materno negativo, pois sua mãe lhe era um elemento de contradição e conflito, por ter, em sua personalidade, as principais deficiências de caráter de sua paixão.

Atração e repulsão são faces de uma mesma moeda. Ela projetou sua relação com o materno, configurado na figura de sua mãe, num homem que ela "detestava", justamente por ser alguém que lhe provocava afetos antagônicos, semelhantes ao que vivia na vida familiar. Seu complexo materno negativo foi, provavelmente, o fator fundamental da participação mística que se estabeleceu entre ela e seu aparentemente *execrável* amante.

É muito comum, entre amantes, trocas emocionais à distância, ou não. Os apaixonados, pela situação projetiva, vivem em permanente estado de identidade, pelo menos nos períodos iniciais da paixão.

A identidade psicológica pressupõe sua inconsciência. É uma característica da mentalidade primitiva e o autêntico fundamento da 'participação mística' que nada mais é do que o resíduo da primitiva indiferenciação psíquica entre sujeito e objeto, portanto, do estado inconsciente primordial; também é característica do estado de espírito da primeira infância e, finalmente, é característica do inconsciente do adulto civilizado que, na medida em que não se tiver tornado um conteúdo da consciência, fica em permanente estado de identidade com o objeto (JUNG, 1991, par. 823).

A participação mística acontece nos casos em que uma pessoa está muito unilateralizada, por exemplo, na função pensamento. Neste caso, ela busca racionalizar sentimentos, o que não será possível, e a função reprimida termina por buscar sua realização, através de uma projeção inconsciente, em um objeto que esteja fora do seu ambiente, indo à busca da realização emocional reprimida.

Jung narra o caso de uma paciente de cerca de 30 anos de idade, com educação esmerada, alto nível de inteligência e um raciocínio quase matemático em sua lógica. Ora, as pessoas com tal grau de unilateralização na função principal, pensamento, têm, como se sabe, a função sentimento mergulhada no inconsciente como *função inferior*. Torna-se, pois, uma função arcaica, infantil, com todos os bônus e ônus dessas condições regressivas.

Por não ser usada normalmente pelo ego, este tem dificuldade de lidar com ela. Sua utilização é cansativa, por isso é abandonada facilmente. Ora, a função inferior é o calcanhar de Aquiles do indivíduo. Caracteriza-se por traços da psicologia primitiva e, sobretudo, pela participação mística, que torna a pessoa peculiarmente idêntica com outra, ou com objetos e situações.

A paciente de Jung lidava com os sentimentos circunstanciais, mas não podia fazer com o sentimento o que fazia com o pensamento: sentir de maneira hipotética; sentimento somente pode ser *sentido*, nunca pode ser *pensado* pela lógica aristotélica, num esquema cartesiano de pensar. Por estar, culturalmente, pontos acima das pessoas do seu ambiente, a paciente se sentia diferente, vivendo isolada em uma *torre de marfim*, sem estabelecer vínculos reais com os que a cercavam, em permanente estado de isolamento interior.

A função sentimento, todavia, estava nos alicerces de sua torre. Ela possui meios e modos de escapar inconscientemente. Como a função inferior é natureza, não possui sentidos de orientação, ninguém pode prever até onde ela chegará. Mas pode-se ter certeza de que, por mais isolada que uma pessoa esteja, a função inferior encontrará uma maneira de chegar, inconsciente e imperceptivelmente, até outra pessoa ou coisa, criando uma conexão subliminar.

A mulher era casada, mas, como muitas vezes acontece, não tinha efetivo relacionamento consciente com o marido; assim, inconscientemente, sua função inferior projetou-se, criando uma participação mística com outro inconsciente, gerando um relacionamento adulterino, inexplicável para sua consciência.

No seminário que ministrou de 1930 a 1934, e que foi publicado sob o título de *Visions*, Jung diz que o casamento é uma instituição e, por causa disso, muitas pessoas se casam porque o coletivo o exige; é algo que a razão e o costume impõem que se deve fazer. Mas quase nunca existe um real estado de relacionamento. Nesses casos, como o sentimento não pode ser racionalizado, ele aparentemente desaparece, mas reaparece projetado em outra pessoa que não é o cônjuge, naturalmente. A falta de uma vinculação emocional no casamento é compensada por um repentino e mágico novo relacionamento, uma fascinação, uma *participação mística*.

Por isso, geralmente o amor à primeira vista é a forma mais compulsiva de amor. É natural que a nossa paciente sofresse de um problema tão grande, o que significa o conflito final entre o seu pensamento racional e a natureza primitiva.[18]

E este foi o caso da paciente de Jung que, por causa do conflito que se estabeleceu em seu psiquismo, com sua ética coletiva e pessoal, teve de buscar o auxílio terapêutico para encontrar a solução dessa sua enantiodromia.

Se duas pessoas são idênticas, nenhuma relação é possível. Somente há efetiva relação quando existem diferenças, que são permanentes desafios a exigir meios e modos de superação. Desde que a participação mística seja a condição usual no relacionamento, especialmente quando os nubentes são jovens, uma forma de relação que preserve o caráter de individualidade de cada um é impossível. Talvez se existir segredos pessoais entre os dois, e se eles admitirem que isso aconteça, serão capazes de estabelecer um relacionamento. Quando não existem segredos, eles não têm o que compartilhar e, assim, não haverá nada que os proteja contra uma participação mística; ambos afundam no abismo da identidade e, depois de algum tempo, descobrem que nada acontece, absolutamente nada, no relacionamento. É uma monotonia permanente que não terminará bem, senão numa coexistência pacífica anódina. Felizmente, a vida tem seus mecanismos que agem de forma a criar problemas e

---

18 Therefore it is usually love at first sight and the most compulsory form of love. It is natural that our patient suffered from such a problem, which means the ultimate conflict between her rational thinking and primitive nature. (JUNG, 1997, p. 7).

dificuldades nos relacionamentos desse tipo: doenças graves, morte, apaixonamento por outros etc. são acontecimentos possíveis de quebrar uma participação mística de caráter infantilizante.

> ...quando o mesmo complexo inconsciente está constelado em duas pessoas ao mesmo tempo, surge um efeito emocional estranho, ou seja, uma projeção que provoca atração ou repulsa entre ambos. Quando estou, juntamente com outra pessoa, inconsciente sobre um mesmo fato importante, torno-me, em parte, idêntico a ela e me comportarei em relação a ela como me comportaria em relação ao complexo em questão se tivesse consciência dele (JUNG, 1993, par. 69)

Os povos da Antiguidade Clássica, romanos e gregos, com suas representações místicas, atribuíam tudo aos deuses. Eles nunca falavam que alguém estava apaixonado, mas sim que havia sido ferido pela flecha de Eros ou Cupido. Era uma personificação da emoção do amor, um princípio autônomo constelado no psiquismo humano. Assim, eles projetavam suas representações místicas sobre as árvores sagradas, cavernas, rios, montanhas, como o Olimpo, por exemplo, vivendo num permanente estado de participação mística.

Os povos antigos estavam tão relacionados, em participação mística, com tudo o que os cercavam que os deuses eram parte integrante de sua vida no cotidiano. Eles poderiam dizer, como descreveu Jung, exemplificando um sonho que algum poderia relatar: " 'O deus desta mesa falou comigo durante a noite', ele estaria dizendo o mesmo que se um de nós dissesse: 'Eu sonhei que um determinado complexo apareceu na forma de mesa' ".[19]

A falta de relacionamento entre duas pessoas que convivem é compensada pelo inconsciente. Quando se vive com alguém com quem não se tem um relacionamento real, está-se inconscientemente vinculado a ele. Este tipo peculiar de relacionamento inconsciente produz uma condição psicológica que pode ser comparada a uma espécie de *continuum*, no qual ambos funcionam. É como se estivessem debaixo da água, em um tanque. Podem viver sob a mesma coberta, no mesmo barco, mantendo uma forma particular de relacionamento imediato. Este relacionamento consciente, em separado, produz um fenômeno muito peculiar, tal como sonhos que não pertencem apenas a cada um dos indivíduos.

Assim, o marido pode sonhar os sonhos da esposa, ou o contrário, ou um deles pode ser forçado a fazer algo que não procede de sua própria psicologia, mas da psicologia do outro. Esses são sintomas de uma participação mística.

Participação Mística nos Sonhos

A interpretação dos sonhos pode ser feita, como sabido, de forma objetiva ou subjetiva. A forma objetiva, ou quanto ao objeto, é aquela que é feita em cima do próprio sonho, que apresenta a compensação do inconsciente de forma clara, não simbólica, ou com um simbolismo de evidente significado. A interpretação subjetiva se

---

19 The god of this table spoke to me in the night," he would mean about the same as if one of us said "I dreamed that a certain complex appeared in the form of that table." (JUNG, 1984, p. 179).

refere exclusivamente ao sonhador. Mesmo quando a interpretação objetiva é aconselhável, é bom se considerar que também há uma possibilidade subjetiva.

Provavelmente, o motivo por que certas pessoas chegam particularmente perto de você é que elas são portadoras de uma verdade simbólica para quem a recebe em sua psicologia, e pode fazê-lo apenas com base em *participation mystique*. Caso contrário, a outra pessoa não teria um ponto de acesso à sua alma. Portanto, do ponto de vista teórico, e também para fins práticos, é extremamente valioso e sábio ver o quão longe o objeto que deve ser tomado objetivamente é também um fator subjetivo em si mesmo. Mas este é um postulado filosófico, e é um grande erro substituí-lo pela realidade.[20]

Jung prossegue, afirmando que existem condições em que o sonho de alguém é influenciado por uma participação mística com outra pessoa absolutamente desconhecida. Ao interpretar o sonho de um paciente, em um seminário, ele faz uma explanação a respeito de como esse fenômeno pode ocorrer. Diz, primeiramente, que a participação mística é uma hipótese sem a qual se torna impossível entender certos acontecimentos das relações entre pessoas e situações que ocorrem nos sonhos.

---

20 Probably the reason that certain persons come particularly close to you is that they are carriers of a symbolic truth, for whoever gets at your psychology can do so only on the basis of participation mystique. Otherwise the other person would not have a handle on your soul. Therefore from the theoretical point of view, and also for practical purposes, it is exceedingly valuable and wise to see how far the object that is to be taken objectively is also a subjective factor in yourself. But this is a philosophical postulate, and it is a great mistake to substitute that for reality. (JUNG, 1984, p. 30).

A experiência clínica levou Jung a concluir que a grande maioria dos sonhos das pessoas casadas são devidos à participação mística. Mas que entre pessoas não ligadas pelo matrimônio existem interpenetrações psíquicas que influenciam também nos estados oníricos:

> Por exemplo, é perfeitamente possível, no caso de uma pessoa que vive em um hotel e, no quarto ao lado, esteja alguém com um tipo peculiar de psicologia, que certa quantidade dela se infiltre, através das paredes, em seus sonhos. [21]

Todos nós podemos, de diversas formas, até mesmo inconscientemente, ser infectados pelos estados mentais de outras pessoas.

> Um contágio mental é incrivelmente forte; odiamos a ideia e a reprimimos tanto quanto podemos. Gostamos da ideia de que estamos isolados dentro de nós mesmos, que não existe ninguém em nossos circuitos, que ninguém pode influenciar nossos rumos e decisões. Mas, como uma questão de fato, existem certas portas que estão abertas e certas coisas podem entrar enos perturbar, mesmo quando não exista nada que se possa chamar um estreito relacionamento.[22]

---

21 For instance, it is quite possible in the case of a person living in a hotel that in the next room lives somebody with a peculiar kind of psychology, and a certain amount of that filters through the walls into his dreams. (JUNG, 1984, p. 561).

22 A mental contagion is amazingly strong; we hate the idea and repress it as well as we can. We like the idea that we are isolated within ourselves, that there is nobody on our wires, that nobody can tamper with our directions and decisions. But as a matter of fact there are certain doors which are open, and certain things can enter and disturb us, even where there is nothing which you could call a close relationship (JUNG, 1984, p. 561).

Andrew Lang, no livro *The Book of Dreams and Ghosts* (2005), narra um caso típico de participação mística em sonhos, como estabelecido por Jung, envolvendo quatro pessoas. A senhora Ogilvie, de Drumquaigh, no Canadá, tinha um *poodle* de nome Fanti, e sua família compunha-se de quatro filhos, um homem e três moças, e a governanta. A Sra. Olgilvie não passava bem de saúde e costumava tomar o café da manhã em seu quarto. Em um desses dias, a filha mais nova, durante o café da manhã, contou ao irmão que havia sonhado que Fanti havia enlouquecido. O irmão lhe advertiu ser melhor não contar à mãe para não deixá-la nervosa, por causa de sua saúde abalada. Ao sair da mesa, a moça foi abordada pela governanta, que lhe disse haver necessidade de prender o cãozinho porque sonhara que ele estava louco e mordendo todo mundo.

As duas outras filhas, que haviam passado a noite em casa de parentes, chegaram à tarde e uma contou que não dormira bem à noite, pois tivera um pesadelo no qual o poodle se apresentava enlouquecido, e ela acordara assustada. No mesmo momento, a irmã, que estava com ela, acordara aflita, dizendo haver sonhado que Fanti enlouquecera e se transformara num gato, e elas o lançavam ao fogo. O interessante é que Fanti viveu tranquilo, nunca enlouqueceu, morrendo de velhice, naturalmente. O episódio foi confirmado por inquérito levado a efeito em Drumquaigh. Este episódio de participação mística em sonho indica que havia, naquela família, um estado de identificação muito intenso entre seus componentes. Pelo visto, era uma família chefiada por uma matriarca de personalidade forte.

E não podemos esquecer que Jung apontou que "Outra determinante do sonho que devemos reconhecer é o *fenômeno telepático*. Hoje não se pode mais duvidar da realidade universal deste fenômeno" (JUNG, 1998a, par. 503.).

Pelo visto, a participação mística encontra-se na base do fenômeno telepático, pois, para que uma sintonia se estabeleça entre emissor e receptor, tem de acontecer uma identificação entre eles.

Participação Mística com Fatos que Ocorreram num Local

Uma afirmação de Jung vai caracterizar a abordagem do assunto:

> Eu conheço um homem que teve um sonho terrível de assassinato e suicídio quando dormindo em certo quarto; descobriu-se que ele tinha entrado num aposento onde o fato aconteceu; logo, ele foi penetrado pela sua atmosfera.[23]

Aqui entramos numa situação, em que diversos conceitos se confundem na explicação dos fenômenos enfocados. Na literatura espírita e parapsicológica, que Jung conhecia muito bem, o fenômeno citado é denominado de *clarividência no passado*, *psicometria* ou *telestesia*, significando a percepção de fatos

---

23 I know a man who had a terrible murder and suicide dream when sleeping in a certain room, and it turned out that he had got into the room where that happened, so he was penetrated by the atmosphere (JUNG, 1984, p. 561).

ocorridos em um local, a respeito dos quais o perceptor não tem conhecimento.

No Espiritismo, esses fenômenos são atribuídos a uma faculdade dita mediúnica, e seus possuidores são denominados médiuns ou sensitivos. Na Parapsicologia, que recebeu o aval de Jung, é dita como uma possibilidade dos seres humanos em geral. Mas esta faculdade não se limita apenas a fatos ocorridos com pessoas; existem experiências demonstrando que mesmo objetos naturais podem ter sua história captada por psicometria, como, por exemplo, a formação de um pedaço de carvão de pedra pode ser rastreada, através do tempo, com os mais claros e comprováveis detalhes.

Jung, por sua vez, criou o conceito de *sincronicidade* e atribui os eventos dessa ordem a *coincidências significativas*, incluindo nelas, muitas vezes, fenômenos mediúnicos, bem como paranormais, de acordo com os conceitos de Joseph Banks Rhine. Por isso é que estou afirmando a sobreposição deles num caso acontecido com o próprio Jung, que analisei no livro *Jung e a Mediunidade* (ARGOLLO, 2004), do qual extraio: *Psicometria* ou *Clarividência no passado* é a faculdade que permite acessar e conhecer eventos do passado de indivíduo ou coisas. Jung conta um claro fenômeno de *psicometria*, acontecido com ele e uma amiga em 1933, quando visitava o monumento funerário de Galla Placidia[24] pela segunda vez, em Ravena, na Itália. O túmulo de Galla Placidia lhe despertara

---

24 (390-450), Princesa romana, filha de Teodósia. Governou o Império do Ocidente como regente, durante a menoridade de seu filho Valentiniano III. Um notável mausoléu foi erguido em Ravena, em sua homenagem.

intensa impressão. Ele e sua amiga, saindo do mausoléu, foram visitar o batistério dos ortodoxos. Percebeu, sem estranhar, que uma *doce luz azul banhava a sala*, mas não procurou verificar sua origem, que depois se recordou não haver. O que o fez se admirar foi que, no lugar das janelas que ali havia, e que vira antes, estavam quatro grandes afrescos em mosaico, de grande beleza. Pensou que os havia esquecido, aborrecendo-se com tal falha de memória.

> O mosaico da face sul representava o batismo no Jordão; uma segunda imagem, do lado norte, representava os filhos de Israel atravessando o Mar Vermelho; a terceira, a leste, logo se apagou em minha lembrança. Representava talvez Naaman no Jordão, lavado de sua lepra. A velha Bíblia de Merian que tenho em minha biblioteca contém uma representação semelhante desse milagre. O quarto mosaico, a oeste do batistério, e que olhamos em último lugar, era o mais impressionante. Representava o Cristo estendendo a mão a São Pedro prestes a desaparecer nas águas (JUNG, 2006, p. 324).

Jung e sua acompanhante ficaram, cerca de 20 minutos, apreciando os mosaicos, discutindo sobre o rito original do batismo, e sobre sua espantosa concepção, uma iniciação que comportava um perigo de morte, real:

> Em tais iniciações era muitas vezes necessário que a vida fosse posta em risco, o que exprimia a ideia arquetípica da morte e do renascimento. Assim, na origem, o batismo consistia numa verdadeira imersão que evocasse, pelo menos, o perigo do afogamento (JUNG, 2006, p. 324).

Continuando seu relato, diz que, até aquele momento, conservava uma lembrança nítida do mosaico em que o apóstolo

Pedro era representado afundando nas águas. Também os mínimos detalhes se apresentavam diante dos olhos de sua imaginação, como as palavras que saíam da boca do Cristo e do seu discípulo, que ele tentava decifrar.

Ao sair do batistério, foi a Alinari para adquirir reproduções dos mosaicos, não conseguindo encontrá-las. Intentou então, por causa da brevidade de sua estadia, encomendá-las de sua cidade, o que fez através de um amigo que viajou para Ravena. Este, igualmente, as procurou em vão, pois não existiam.

> Enquanto isso eu falei num seminário [seminário sobre Tantra Ioga, 1932. JUNG, 1999] a concepção primeira do batismo como iniciação e mencionei os mosaicos do batistério dos ortodoxos. Tenho ainda gravadas na memória todas as figuras desses mosaicos. A amiga que me acompanhou recusou-se por muito tempo a acreditar que aquilo que vira 'com seus próprios olhos' não existia (JUNG, 2006, p. 325).

Eis outro caso acontecido com Jung, em que a sobreposição citada acontece, e no qual se pode identificar também a participação mística com o ambiente. Encontra-se narrado no livro *Memórias, Sonhos, Reflexões*, preparado por Aniela Jaffé. Na verdade, nesse caso, encontramos a participação mística misturada com diversos outros tipos de fenômenos. Decidi citá-lo pela riqueza de situações vividas por Jung, em que se pode verificar o encontro inconsciente com as histórias gravadas no ambiente de um quarto de fazenda, na Inglaterra, que nos mostra como o inconsciente coletivo pode conduzir regressivamente aos tempos primitivos, quando havia uma participação mística permanente com o mundo exterior, a qual pode afflorar, em determinadas condições, independentemente da qualidade cultural de quem a ela é submetido.

Esse fato ocorreu no verão de 1920, durante sua estada em Londres para uma série de conferências, quando alojado numa casa de campo. Na segunda noite, manifestações espontâneas e estranhas tiveram início. Jung não conseguia adormecer e sentia um torpor desagradável, o ar abafado e um cheiro indefinível no ar. Procurando vencer o torpor, levantou-se para verificar as janelas e viu que estavam abertas, e uma brisa agradável entrava pelo quarto. Nada do mau cheiro que sentira. Pela alvorada, o torpor passou.

Observe-se que aqui ocorrem os mesmos fenômenos de percepção com fatos acontecidos, de acordo com o que foi identificado e atribuído à participação mística, pelo próprio Jung, no caso do homem que teve "um sonho terrível de assassinato e suicídio" por haver dormido num quarto em que este aconteceu, que transcrevi linhas atrás. No fato agora narrado, aparecem visões e percepção de cheiros. Os odores sentidos, evocavam a lembrança dos seus oito anos de clínica psiquiátrica. Recordou-se, então, de uma senhora idosa que sofria de carcinoma exposto. O cheiro que sentia no momento era semelhante àquele que recordava, pois o sentira muitas vezes quando ia ao quarto da enferma. Neste ponto, as sensações começaram a se transformar em efeitos objetivos, e Jung não conseguiu estabelecer qualquer conexão entre ela e seu estado consciente: "Apenas me sentia mal, pois o torpor me paralisava" (JUNG, 1998b, par. 767).

Ocorreram, também, fenômenos auditivos de gotejamento sem que houvesse goteira, o que se enquadra no seu conceito de participação mística com o ambiente e fatos que ali aconteceram.

No outro dia, voltaram os fenômenos a acontecer da mesma forma: torpor, odor desagradável e um ruído diferente, como se fora o esfregar de papel áspero contra a parede, enquanto os móveis estalavam aleatoriamente. Podia escutar também sussurros estranhos que pareciam vir de variados lugares do quarto. Uma calma esquisita pairava no ar. Enquanto a luz estava acesa, tudo voltava ao normal. Mas assim que apagava a luz, o torpor voltava lentamente ao seu corpo, o ar tornava-se pesado e os estalos e sussurros recomeçavam. Fazer luz o trazia de volta às sensações conscientes, quebrando o estado de participação mística em que se encontrava.

"No dia seguinte indaguei cautelosamente como haviam dormido as outras pessoas. Todos elogiaram o bom sono que haviam tido"(JUNG, 1998b, par. 769). Observa-se, aqui, uma condição interessante: a participação mística, como fenômeno arquetípico, proporcionando tanto sincronicidades quanto fenômenos paranormais. Sabemos que os arquétipos podem se objetivar, influenciando o mundo exterior.

Na terceira noite, Jung escutou o som de pancadas, tendo a impressão que um animal, assim como um cão, andava pela casa como se estivesse amedrontado. Como das outras vezes, tudo sumiu pela madrugada. O que chama a atenção nesta descrição é a percepção do animal em pânico. Seria o caso de se perguntar se o animal havia deixado o registro psíquico de seu medo, o que seria registrado pela participação mística, ou se ele próprio ainda perambulava pelo ambiente espiritual da residência, juntamente com alguns dos seus finados ocupantes. Existem registros de fatos dessa última ordem (BOZZANO, 1998). Mesmo nessa condição, a participação mística está presente, pois é um fenômeno inconsciente, e Jung, ao analisar as visões e a possibilidade da continuidade da vida no além-túmulo, normalmente o faz pela análise de sonhos.

No terceiro final de semana, os fenômenos aumentaram de intensidade. Os sussurros transformaram-se em bramir de tempestade com ventos zunindo fortemente. As batidas vinham do lado de fora e produziam um som surdo, como se alguém estivesse batendo nas paredes de tijolos do primeiro andar. Tenhamos em mente que as manifestações numinosas muitas vezes são acompanhadas de sopro de ar, ventos fortes, como no fenômeno do Pentecostes, descrito no *Atos dos Apóstolos*.

Após o quarto final de semana, Jung resolveu dizer ao seu hospedeiro que a casa deveria ser assombrada, sendo esta a causa do baixo preço do aluguel. É claro que a declaração foi recebida com ceticismo e risos. Uma coisa, porém, chamou atenção do psiquiatra suíço: duas moças que executavam serviços de manutenção da casa, após o jantar, faziam seus deveres rapidamente, retirando-se antes do sol se pôr. Intrigado com tal comportamento, Jung observou:

Brinquei com a cozinheira, dizendo que ela tinha medo de nós, pois toda noite vinha uma amiga apanhá-la e, mais que depressa, ia para casa. Ela sorriu e disse: 'Não tenho medo dos senhores, mas não ficaria um instante sequer sozinha nesta casa, ou após o pôr do sol'. Perguntei-lhe: 'Mas, o que há de errado aqui?' Ela respondeu: 'O senhor não sabia que esta casa é assombrada? Eis a razão por que a conseguiram tão barato. Ninguém aguentou ficar aqui'(JUNG, 1998b, par. 772).

No quinto final de semana, Jung pediu ao seu anfitrião que lhe arranjasse outro quarto porque, além dos acontecimentos já habituais, teve a impressão de que havia algo perto dele, e teve a visão que, deitada no travesseiro, estava a cabeça de uma senhora idosa que o olhava com o olho direito bem aberto. Ela não tinha a parte esquerda do rosto até a cavidade ocular.

O susto foi tão grande que Jung saltou da cama, acendeu a vela e passou o resto da noite sentado numa cadeira. Isto nos remete às sensações iniciais desse episódio, quando ele identificava os odores com o antigo hospital psiquiátrico em que trabalhava.

Mudando de quarto na noite seguinte, dormiu tranquilamente, não sendo mais perturbado por qualquer outra manifestação estranha. Isto evidencia que, no quarto anterior, estavam gravados os fatos carregados de emoção que ali ocorreram. Mas, voltando ao que disse linhas atrás, é provável que o espírito da senhora ali visto por ele e sua experiência bem anterior com uma senhora doente fossem os elementos consteladores de todos os eventos.

Em sua narrativa, Jung não se refere à participação mística, mas pode-se verificar que o conceito é aplicável aos acontecimentos.

No tocante à alucinação do cheiro, **suponho que minha presença no quarto ativou aos poucos alguma coisa que estava nas paredes.** Pareceu-me que o cão andando em pânico de cá para lá representava minha intuição (que na linguagem comum é ligada ao nariz — a um 'bom nariz'). Eu tinha 'farejado' algo. Se o órgão olfativo não estivesse tão degenerado no homem, mas estivesse tão desenvolvido como num cachorro, eu teria tido uma ideia mais precisa das pessoas que haviam ocupado anteriormente este quarto. Os curandeiros primitivos conseguiam cheirar não só um ladrão, mas também 'espíritos'(JUNG, 1998b, par. 779 – Destaque nosso).

Jung teoriza que a intuição pode ter assumido, no ser humano, o lugar do mundo dos cheiros que a degeneração do sentido olfativo se fez perder. A forma como a intuição atua sobre o ser humano, continua ele analisando, assemelha-se à fascinação que os cheiros exercem, de forma repentina, sobre os animais. Afirma que, pessoalmente, realizou experiências, nas quais *cheiros psíquicos*, ou melhor, alucinações de cheiro, tiveram o mesmo significado que intuições subliminares, como puderam depois ser constatado por ele.

> Nosso inconsciente, que possui poderes de percepção e reconstrução muito mais sutis do que a consciência, poderia fazer o mesmo e projetar uma imagem visionária da situação psíquica que a estimulou. **Um parente me contou, por exemplo, que viajou para fora do país e hospedou-se num hotel. De noite teve um pesadelo terrível sobre uma mulher sendo assassinada em seu quarto.** Dias depois veio a saber que, na noite anterior à sua estadia no hotel, fora realmente assassinada uma mulher naquele quarto. Com essas observações quis apenas dizer que a parapsicologia faria bem em aproveitar os conhecimentos que a psicologia moderna tem do inconsciente (JUNG, 1998b, par. 778-781. Destaque nosso).

O final da citação nos leva de volta ao início deste subcapítulo, quando ele se refere a essa participação mística de modo mais genérico. Torno a salientar que toda a descrição do evento mostra a participação mística atuando, conforme Jung a descreve, em várias partes de suas obras.

Eis outro evento narrado por Jung com as mesmas características acontecidas no início da primavera de 1924, quando ele estava só, em Bollingen. À noite, enquanto dormia, foi despertado pelo ruído de passos em torno da sua torre e o som de música ao longe, que aos poucos se aproximava. Finalmente, vozes, risos e conversas.

O local onde estava a torre era um tanto ermo e, por isso, um grupo de pessoas se divertindo estivesse passando pelo único atalho ao longo do lago superior de Zurique.

Acordando de vez, Jung se levantou e foi olhar o que estava acontecendo. Para seu espanto, não havia ninguém, apenas o silêncio, nem ventava. Imaginou, então, que tudo não passara de um sonho. Ao adormecer novamente, o sonho recomeçou, e ele voltou a ouvir os passos, as conversas, a música e os risos. Igualmente, uma representação visual lhe descortinou centenas de pessoas vestidas com roupas escuras. Pareciam jovens do campo, trajando roupas *domingueiras*, que haviam descido a montanha.

A multidão passava pelos lados da torre, cantando, rindo, em folguedos, tocando sanfona e batendo os pés. Irritado e pronunciando imprecações, levantou-se, pois o que imaginara um sonho apresentava-se agora como uma realidade. Num ímpeto, abriu as janelas e as venezianas para verificar o que acontecia. Para surpresa sua, viu apenas a lua, e a noite estava em silêncio sepulcral.

Pensei, então: 'São simples fantasmas!'. É claro que perguntava a mim mesmo qual poderia ser o sentido de um sonho que insistia a tal ponto sobre sua realidade e sobre o meu pseudo-estado de vigília. Isto só acontece quando se trata de fantasmas. Estar acordado equivale a perceber a realidade. O sonho representa, pois, uma situação equivalente à realidade, na qual cria uma espécie de vigília. Este gênero de sonho, ao contrário dos sonhos comuns, trai a tendência do inconsciente de transmitir ao que sonha uma verdadeira impressão do real, que a repetição sublinha ainda mais. Como fontes de tais realidades conhecemos, por um lado, as sensações corpóreas e, por outro, as figuras arquetípicas. Naquela noite, tudo era — ou pelo menos parecia ser — tão perfeitamente real que era difícil situar-me entre as duas realidades. Não sabia o que isso significava. O que representavam os jovens campônios, com sua música, passando em longa procissão? Tinha a impressão de que tinham vindo, por curiosidade, a fim de ver a torre (JUNG, 2006, p. 205).

O pensamento de que eram "simples fantasmas" é, para mim, evidência de que Jung acreditava que eles existiam. Como não poderia deixar de ser, buscou dar uma explicação lógica para aquela percepção, para o fantasmagórico bando alegre cujo alvoroço lhe havia perturbado o descanso, e a encontrou, algum tempo depois, numa descrição histórica:

Só muito mais tarde compreendi o ocorrido, ao conhecer a crônica lucernense de Rennward Cysat, do século XVIII. Nela encontrei a seguinte história: Num pasto do monte Pilatos, particularmente deserto por causa dos fantasmas, Wotan continuaria a errar até hoje. Cysat, durante uma ascensão noturna, foi perturbado por uma procissão de pessoas que, no meio de música e de cantos, passavam de ambos os lados da cabana em que repousava — exatamente como ocorrera no episódio da torre.

No dia seguinte, Cysat interrogou o pastor em casa do qual passara a noite, procurando saber o que significava aquilo. O pastor não teve a menor dúvida: disse que deviam ser os 'bem-aventurados', isto é, a legião de almas defuntas conduzidas por Wotan; elas costumavam voltar e se manifestavam desse modo. Poder-se-ia tentar explicar minha experiência como um fenômeno de solidão; o vazio e o silêncio exteriores teriam sido compensados pela imagem de uma multidão. As alucinações dos eremitas representam compensações dessa natureza. Mas quem sabe sobre que realidades se funda esse tipo de histórias? Poder-se-ia também pensar que eu tivesse sido sensibilizado pela solidão a ponto de perceber a procissão de 'defuntos', que por lá passava (JUNG, 2006, p. 205-206).

Jung concluiu que a sua percepção era um fenômeno de sincronicidade, mas que se pode denominar como uma participação mística com fatos ocorridos no ambiente. Ele encontrou outra menção histórica a fatos semelhantes num relato do século XVII.

Poder-se-ia também explicá-lo como um fenômeno de sincronicidade. Esses fenômenos mostram como os acontecimentos que acreditamos conhecer (pois os percebemos ou supomos por meio de um sentido interior) têm muitas vezes correspondências na realidade exterior. Ora, há de fato uma correspondência concreta relativa a essa experiência, pois na Idade Média, houve tais procissões de jovens. Eram filas de mercenários que, principalmente na primavera, iam do centro da Suíça para Locarno, onde se reuniam na Casa di Ferro, em Minusio, e de lá continuavam até Milão. Na Itália, tornavam-se soldados e combatiam, a soldo estrangeiro. Eu poderia, portanto, ter captado a imagem de um desses bandos que se organizavam todos os anos na primavera e que, com cantos e festividades, despediam-se da pátria. Durante muito tempo ainda esse estranho sonho ocupou minha imaginação (JUNG 2006, p. 206).

Naturalmente o "ter captado a imagem dos bandos" se deveu à participação mística com fatos ali acontecidos em tempos passados. Mas ressalte-se que Jung demonstra, nesse relato, não possuir uma mentalidade dogmática comum entre os cientistas. Ao contrário, estava sempre aberto a todas as possibilidades, embora optasse pela racionalização, de acordo com a teoria do inconsciente, que construíra. Quando Jung afirma que o fenômeno pode ser explicado pela sua teoria da sincronicidade, me leva a pensar que se deve analisar melhor tais fenômenos sob o prisma da participação mística. Afinal de contas, ele mesmo rotula como fenômenos que poderiam ser denominados de sincronicidade. Isto leva a concluir que a participação mística é o fundamento não só da sincronicidade mas também dos fenômenos mediúnicos e parapsicológicos de um modo geral, pois, no fim de contas, tudo se resume a ações arquetípicas. O evento descrito se enquadra perfeitamente num caso de participação mística com eventos acontecidos no local.

Eis outro episódio de participação mística com fatos ocorridos num local, oque revela o quanto de constelações arquetípicas aconteciam normalmente na família Jung. Em 1923, quando começou a construir a Torre de Bollingen, sua filha mais velha, que ali foi em visita, entrou em estado alterado de consciência, exclamando:

'Como! Você está construindo aqui? Mas se há cadáveres!' Naturalmente pensei: 'Tolice! não há nada disso!' Mas quando continuamos a construção, quatro anos mais tarde, encontramos de fato um esqueleto. Jazia a dois metros e vinte de profundidade; no seu cotovelo direito havia uma velha bala de fuzil. Pela posição em que estava, era possível imaginar que provavelmente fora lançado àquele lugar em adiantado estado de putrefação. Pertencera a uma dessas poucas dúzias de soldados franceses que, em 1799, se afogaram no Linth e, em seguida, foram levados às margens do lago superior. Esse acidente ocorreu depois que os austríacos fizeram saltar a ponte de Grynau, tomada de assalto pelos franceses. Uma fotografia do túmulo aberto, com o esqueleto, e a data do dia em que o cadáver foi descoberto está na torre. Foi no dia 22 de agosto de 1927. Organizei, então, em minha propriedade, um enterro em boa e devida forma para o soldado, e dei três tiros de salva sobre sua sepultura. Depois, pus sobre ela uma pedra tumular com uma inscrição. Minha filha pressentira a presença do cadáver; sua faculdade de pressentimento é uma herança de minha avó materna (JUNG 2006, p. 206-207).

Jung se refere a esse acontecimento em carta a Cristiana Morgan, uma sua paciente, cujo caso serviu de tema para o seminário *Visions* por ele ministrado entre 1930 e 1934. A carta é datada de 13 de setembro de 1929:

Quando construí a minha Torre, minha filha mais velha, então com catorze anos, disse que havia ali espíritos de mortos, e não apenas elfos. Em alguma parte deveria haver algum cadáver. Quando, em 1927 (quatro anos mais tarde), cavávamos a terra para lançar o fundamento de um anexo à Torre, encontramos o cadáver de um homem com uma bala alojada no antebraço direito (JUNG, 2001, p. 86).

Os estados alterados de consciência são constelações arquetípicas estimuladas pela participação mística ocorrida com pessoas, ambientes ou situações. Estas condições, por sua vez, têm uma constelação arquetípica que provoca a reação do inconsciente coletivo na pessoa em quem esses estados ocorrem.

Não se pode esquecer que a psiquê objetiva transcende a pessoa, projetando-se no espaço físico ou psíquico de sua circunstância. Esta projeção não tem um limite específico por acontecer na dimensão hiperfísica subjacente ao contínuo espaço-tempo. Por isto, ela não pode ser medida espacialmente nem tão pouco temporalmente, por estar além dessas categorias racionais. A todo e qualquer momento estamos interagindo inconscientemente com o mundo, e quiçá com o próprio universo, de forma permanente, trocando informações com seres e coisas, quer estejam no nosso entorno, que nas profundezas do espaço sideral. Esta é uma realidade para a qual devemos estar atentos. A moderna expansão da comunicação, proporcionada pelos recursos que a física quântica pôs à nossa disposição, é uma evidência de que o *Self* da humanidade está coordenando a conscientização da participação mística entre cada um dos seus membros, bem como deles com tudo o que existe.

Participação Mística com Animais

Jung afirma que os animais também podem ser interpenetrados pelo inconsciente humano, pois eles possuem alguns comportamentos psíquicos muito similares à psicologia humana, e se não admitirmos isso, então poderemos ser vítimas dela. Referindo-se a experiências com pacientes seus, diz Jung que existem pessoas que partilham com os animais seus fortes e desagradáveis odores e que chegam a cheirar como os zoológicos. Isto o incomodava a tal ponto que tinha de deixar as janelas do seu consultório abertas de par em par. Cita o caso de uma sua paciente que desenvolveu um forte cheiro do corpo apodrecido de um animal, de caráter psíquico, que o deixava enjoado. Era tão forte que não podia ficar com ela em seu escritório. Por ser época de verão, a atendia no jardim de sua casa em Küsnacht. Que o cheiro era percebido psiquicamente foi comprovado por outra paciente, descrita como muito intuitiva, ao ser atendida por ele após a que vem sendo citada, sem que soubesse dos seus problemas nem a ter visto ou conhecido.

Ela se queixou do mau cheiro do escritório. Ele replicou que as janelas estavam abertas e o local limpo. A sua nova paciente então disse que ele deveria ter atendido alguém com um problema muito sério. Jung percebeu, então, que essa paciente também captara o cheiro da outra. Note-se que a paciente com o tal cheiro nunca o sentiu, e Jung conclui sua narrativa da seguinte forma:

> ... mas logo depois, ela teve um sonho no qual a dificuldade emergiu, e então pudemos resolvê-la, e o cheiro foi embora. Agora, é possível que os animais possam captar esse cheiro. Meu próprio sentido degenerou; é muito fraco em comparação com a de um cão, mas eu estou certo que os animais são capazes de cheirar essas coisas. Em nós, é um sentido envolvendo a intuição, não se sabendo se é algo físico ou psicológico, mas

há, certamente, casos em que, sob a influência de complexos, algumas pessoas desenvolvem maus odores.[25]

Mencionamos a seguir outros episódios de participação mística entre ser humano e animal, retirados do livro, já citado, de Ernesto Bozzano. Um deles aconteceu enquanto a pessoa estava dormindo e o animal em agonia mortal. Seu personagem foi o renomado romancista inglês H. Rider Haggard, que Jung cita muito quando se refere a anima, dando como exemplo o seu famoso romance *She*.

Certa noite, sua esposa acordou assustada por causa dos ruídos emitidos por ele, durante o sono, semelhantes aos emitidos por um animal ferido. Despertado a custo pela esposa, o escritor contou que havia sonhado com Bob, o velho cão perdigueiro que pertencia à sua primogênita, vendo-o a se debater, primeiramente, num terrível desespero, como se estivesse a se afogar. Diz então ele: "parecia que minha própria personalidade saía misteriosamente do corpo do cão, que comprimia a sua cabeça contra o meu rosto, de forma bizarra" (BOZZANO, 1998, p. 9-10).

Na manhã seguinte, ao café, contou às filhas o pesadelo que tivera, atribuindo o fato a uma indigestão. Despreocupados, logo esqueceram o episódio, pois o cão deveria estar com os outros da

---

25 ...but soon after she had a dream, in which the difficulty was brought up, and then we could solve it and the smell went away. Now it is quite possible that animals smell this. My own sense has degenerated; it is awfully weak in comparison with that of a dog, but I am quite certain that animals are able to smell those things. With us, it is a sense in between intuition, and one doesn't know whether it is something physical or something psychological, but there are surely cases where, under the influence of complexes, people develop evil smells. (JUNG, 1984, p. 562).

vila, e, na hora da refeição, apareceria como sempre. Como tal não aconteceu, puseram-se a procurá-lo, encontrando seu cadáver, numa lagoa, com o crânio fraturado.

Outro caso de participação mística entre um ser humano e um animal foi narrado por Lady Carbery, esposa de lorde Carbery, em carta envidada à Society for Psychical Research, datada de 23 de julho de 1904, que, depois de confirmada, foi publicada nos anais da Sociedade. Num domingo de verão de 1900, Lady Carbery, após o almoço, realizou sua costumeira visita às estrebarias do castelo onde morava, para dar açúcar e cenoura aos cavalos. Entre os animais, havia uma égua assustadiça e nervosa chamada Kitty, da qual gostava muito. Havia um laço de simpatia entre as duas, pois a dona a montava todas as manhãs, antes do almoço.

Naquele dia, após deixar os animais, resolveu passear pelo parque da propriedade, sentando-se à sombra de uma árvore, com um livro, aproveitando o frescor da tarde. Depois de algum tempo de leitura, sentiu subitamente umas sensações penosas, acompanhadas da certeza de que algo havia acontecido à sua égua Kitty. Buscou afastar a impressão, dizendo para si mesma que não era nada, procurando continuar a leitura; como a impressão aumentasse, foi impelida a fechar o livro e se dirigir para as estrebarias. Em lá chegando, foi direto ao boxe da sua égua favorita, encontrando-a estendida no chão, necessitando de assistência imediata. Correu a buscar ajuda com os servidores que se achavam em outro lugar, os quais prestaram ao animal os cuidados necessários, salvando-o.

Esses episódios corroboram a afirmação de Jung:

Os animais também podem ser interpenetrados; eles, às vezes, se comportam de acordo com a psicologia dos homens por causa dessa interpenetração, e se nós não admitirmos tais coisas, então nós somos as vítimas.[26]

Participação Mística e Telepatia

Um exemplo retirado da clínica. Uma paciente, mãe solteira, sai do prédio onde mora, deixando o filho com uma babá cuidadosa, responsável e que tinha vínculo afetivo com ela e principalmente com seu filho. A criança estava bem de saúde, brincando feliz. Entrando no carro, saiu do prédio como sempre fazia todas as manhãs, voltando o pensamento para suas obrigações do dia, na empresa em que trabalhava. Mal saíra do portão da garagem, foi tomada por forte sentimento de que algo ruim estava acontecendo com o filho. De imediato, estacionou o carro de qualquer maneira e voltou correndo para casa, com tal ímpeto que não esperou os elevadores, que se encontravam em andares superiores. Correu escada acima, os cinco andares, para chegar ao seu apartamento. Abriu a porta e defrontou-se com um quadro terrível: o filho engasgado, arroxeando, e a babá desesperada, sem saber o que fazer. Num impulso, sugou a boca e nariz do filho, arrancando o objeto que ele havia engolido e que estava impedindo a respiração. Levando-o ao médico, mais tarde, ele lhe confirmou que, se houvesse atrasado mais um minuto, o filho teria morrido.

---

26 Animals also can be interpenetrated, they sometimes behave according to men's psychology because of that interpenetration, and if we do not admit such things, then we are the victims). (JUNG, 1984, p. 562).

Esse episódio, entre muitos outros, é um exemplo da ligação inconsciente entre mãe e filho e da participação mística estabelecida em grau tão intenso que gera, na mãe, comportamentos racionalmente inexplicáveis e impulsivos. Um grande número de mães pode relatar casos semelhantes em diversas situações da vida.

Entre pai e filho, também pode ocorrer estados de participação mística, a ponto de o pai sentir o que está acontecendo ao filho distante, ou vice-versa, com a mesma intensidade do caso citado. Como exemplo, um homem, pai de três filhos, separado da esposa há muitos anos, passou por uma dessas experiências. Num feriado prolongado, estava em casa com sua segunda esposa quando, tomado de sentimento incoercível de urgência ligado à filha do seu casamento anterior, que tinha, à época, 21 anos, tomou o telefone e, enquanto ligava para ela, disse a sua esposa atual: algo está acontecendo com Alice (nome fictício). Uma voz masculina atendeu, e ele se identificou. O desconhecido lhe disse que acontecera um acidente e que a filha estava sendo atendida pelos médicos. Desligou o aparelho sem se conformar, dizendo à esposa que estava com sentimento de que Alice estava morrendo. Fez nova ligação e, desta vez, foi-lhe dado a triste notícia de que houvera um grave acidente com o carro em que sua filha estava quando voltava de uns dias de descanso num sítio e que ela falecera enquanto era levada para um hospital.

A participação mística se apresenta, nestes casos, como os chamados eventos *telepáticos*. Na palavra telepatia, o sufixo no grego tem o significado de: *o que se experimenta, acontecimento, infortúnio, estado agitado da alma, assunto emocionante*, além de outras variantes. Podemos então descrever um evento telepático como um vínculo emocional estabelecido entre duas pessoas, através do qual podem ocorrer transmissões de pensamentos, como foi estabelecido pelas experiências de *Parapsicologia* do Dr. Joseph Banks Rhine, bem como estados emocionais intensos, como se pode perceber nos dois exemplos citados. Em qualquer situação, estamos diante de um processo projetivo inconsciente, que caracteriza o que Lévi-Bruhl denominou de participação mística, em relação aos primitivos. E Jung descobriu ser um fato psíquico bastante comum entre seres humanos atuais.

> Pode-se distinguir uma projeção *passiva* e outra *ativa*. A primeira é a forma comum de todas as projeções patológicas e de muitas normais que não são intencionais, mas simples ocorrência automática. A segunda é componente essencial do *ato de empatia*. A *empatia* como um todo é um processo de introjeção porque serve para levar o objeto a uma íntima relação com o sujeito. Para configurar esta relação, o sujeito destaca de si um conteúdo, por exemplo um sentimento, e o transfere para o objeto, dando vida a este e incluindo-o na esfera subjetiva (JUNG, 1991, par. 882).

Os casos citados enquadram-se como um fenômeno empático, portanto, de participação mística, pois houve uma projeção de *afetos* entre filhos e pais, os quais foram apropriados subjetivamente pelos últimos, transformando-se em ato compulsivo, irracional, que se aproxima de uma forma instintiva de ação.

Mas, como uma questão de fato, existem certas portas que estão abertas, e certas coisas podem entrar e perturbar-nos, mesmo quando não há nada que possa ser chamado de um estreito relacionamento.[27]

---

27 "But as a matter of fact there are certain doors which are open, and certain things can enter and disturb us, even where there is nothing which you could call a close relationship" (JUNG, 1984, p. 531).

Participação Mística na Dinâmica Psíquica ou na Estrutura da Personalidade

A maneira de pensar do ser humano sofreu uma transformação evolutiva importante que se repete na existência individual, de forma sistemática na infância e com alternância no resto da existência. Diz Jung que: "...a língua, na sua origem e essência, nada mais é do que um sistema de sinais ou 'símbolos' que indicam acontecimentos reais ou o seu eco na alma humana" (JUNG, 1986c, par, 13).

E isto se deve ao fato, já referido no início deste estudo, de não existir um limite entre o psiquismo do primitivo e o mundo circundante, sendo que as representações e a realidade objetiva se confundem num mesmo processo. O inconsciente coletivo se projeta sobre o mundo e também o reflete. Pela qualidade numinosa dos arquétipos, o pensamento adquire uma coloração mística, um componente mágico, que cria a visão sobrenatural dos fenômenos, dando-lhes um tratamento da mesma qualidade.

Com a evolução biopsíquica, o ser humano desenvolveu uma forma sequencial e lógica de pensar o mundo, sendo obrigado a reestruturar as associações entre as representações, a fim de elas passarem a dar um sentido às sensações e percepções, favorecendo, assim, meios mais eficazes de dominar o meio ambiente para uma melhor qualidade de vida e sobrevivência. Jung denominou tal maneira de pensar de *pensamento dirigido*:

Nosso pensamento dirigido ou lógico a rigor é um pensamento da realidade, isto é, um pensamento que se adapta à realidade, onde, em outras palavras, imitamos a sucessão das coisas objetivas, reais, de modo que as imagens em nossa mente se sucedem na mesma ordem causal rígida em que os fatos acontecem fora dela (JUNG, 1986c, par. 11).

Andrew Samuels ressalta que, sendo a participação mística um fenômeno de projeção, uma parte da personalidade é projetada no objeto, que é sentido, então, como se fosse o conteúdo projetado. O conteúdo é projetado sobre o objeto, e ele passa a ser identificado com o conteúdo:

> Por exemplo, um bebê pode projetar sua agressividade para o seio da mãe. Se ele faz isso com intensidade suficiente, então, identificará o seio com sua própria agressão e se sentirá atacado ou perseguido pelo seio... Desta forma, a herança arquetípica da criança exerce sua influência sobre o mundo externo, e então se pode falar de esquemas subjetivos da experiência ou de objetos arquetípicos.[28]

Participação Mística Coletiva

A psicologia das massas é um capítulo especial nos estudos do psiquismo. Nela estabelece-se a psicologia do rebanho, quando o indivíduo deixa de pensar por si próprio para ser levado pelo ser psíquico coletivo, que se forma, ou já está formado, em tais

---

28 For example, a baby may project his aggression into the mother's breast. If he does so with sufficient intensity then he will identify the breast with his own aggression, and feel attacked or persecuted for the breast... In this way the archetypal inheritance of the infant exerts its influence on the external world so that we can speak of subjective schemas of experience or of archetypal objects (SAMUELS, 1999, p.152).

condições. Naturalmente pode-se afirmar, com base no conceito de inconsciente coletivo, que tal situação vem dos tempos mais primitivos, basicamente do comportamento dos animais que vivem em bandos coerentes. O estudo sobre o comportamento automático dos enxames em movimento, quando os elementos do grupo se movem em sincronia automática, sem se chocarem mesmo quando sob ataque, demonstra a existência de um mecanismo de comunicação inconsciente de base arquetípica, uma participação mística sem qualquer dúvida.

Sobre a participação mística nos grupos humanos, Jung é muito claro ao afirmar: "Quando se trata do movimento de massa e não mais do indivíduo, cessam os regulamentos humanos, e os arquétipos passam a atuar" (JUNG, 1993, par. 395).Quando os arquétipos constelam, interligam-se naturalmente e produzem a conexão que estamos estudando.

Participação Mística na Clínica Psicoterapêutica

O Set Terapêutico: Encontro de Inconscientes

A psicoterapia é um encontro de almas, e o set terapêutico é o lócus em que esse encontro se faz de forma intensa e profunda. São dois psiquismos, do paciente e do psicoterapeuta, que interagem de forma total na busca de objetivos inconscientes, embora ambos mantenham a ilusão de que sabem o que pretendem alcançar.

Jung, referindo-se a sonhos de crianças, ressalta a importância da participação mística na análise quando eles se referem aos pais. Não se tem, dependendo naturalmente do contexto, de se buscar outro significado quando eles aparecem no sonho:

> A criança ainda vive em participação mística com os pais e é exposta aos efeitos que eles têm. Vamos supor que uma jovem que vem a mim para análise está morando, ainda, na casa do pai: neste caso, eu consideraria o pai por todos os meios. Assim, se o sonho disser 'pai', e a criança vive com o pai, nós também normalmente temos de dizer 'pai'. Não devemos supor que ninguém tinha dito nada sobre o pai.[29]

Mas, o set terapêutico enseja inúmeros fenômenos que têm origem no encontro de psiquismos e, mais ainda, de processos

---

29 The child still lives in participation mystique with the parents and is exposed to the effects they have. Let us suppose that a young girl who comes to me for analysis is still living in the house of the father: in this case I would consider the father by all means. So, if the dream say, "father", and the child lives with the father, we, too, normally have to say, "father". We must not assume that nobody had said anything about the father (JUNG, 2008, p. 395).

inconscientes. Não se pode esquecer que a transferência e a contratransferência são projeções inconscientes que nele atuam:

> Progressivamente compreendeu-se que a elaboração teórica de formas sutis e pré-verbais de comunicação desde os primeiros dias na vida do bebê, baseada nas vicissitudes na capacidade de ligação tanto do bebê quanto do cuidador, aplicava-se à própria técnica analítica e ao papel clínico da contratransferência do analista em resposta às comunicações primitivas não verbais do paciente. Mais uma vez, esta área de investigação psicanalítica era vizinha do interesse junguiano nos estados de participation mystique e do corpo sutil, variedades do envolvimento do analista e sua disponibilidade para o relacionamento com seus pacientes (YOUNG & DAWSON, 2002, p. 136-137).

Afinal de contas, o vínculo entre analista e analisando se faz muito mais no nível primitivo, pois o inconsciente é o lócus da infância e das representações coletivas que dominaram no largo tempo que medeia entre o nascimento da consciência ao período da razão, quando a atitude eminentemente egoica, isto é, racional, começou a se impor, forçando a repressão das representações místicas coletivas. Mas isto não consegue realmente se impor, pois o inconsciente reage com a força de natureza, que é. Por isso, recomenda Winnicot:

> Ensinar mais ao analista sobre a primeira infância do que se pode aprender a partir da observação direta dos bebês, e mais do que se pode aprender a partir do contato com mães envolvidas com bebês. Ao mesmo tempo, o contato clínico com as experiências normais e anormais do relacionamento bebê-mãe influencia a teoria analítica do analista, já que o que ocorre na transferência (na fase regressiva de alguns destes pacientes)

é uma forma de relacionamento bebê-mãe (WINNICOT, apud YOUNG & DAWSON, 2002, p. 137).

Sendo uma relação tipicamente entre inconscientes, a terapia enseja o encontro arquetípico entre terapeuta e paciente, o qual, em última análise, é um encontro entre *Selfs*. Por isso, a participação mística não somente atua como produz fenômenos de contágio nos dois elementos dessa simbiose psíquica, o que pode ser verificado nos sonhos tanto do paciente quanto do terapeuta. Nessa perspectiva, entende-se porque o analista somente pode levar o paciente até onde ele mesmo já foi.

Participação Mística e Sincronicidade na Terapia

Outro aspecto fundamental da participação mística são as *sincronicidades* que ocorrem no desenvolvimento analítico. Um evento significativo disso é narrado pelo próprio Jung. Uma sua paciente, de mentalidade rigidamente cartesiana, apresentava-se inacessível à abordagem psicológica. Havendo tentado, sem conseguir, romper sua couraça racionalista, Jung resolveu aguardar que algo inesperado proporcionasse meios de furar as defesas psíquicas da paciente:

Assim, certo dia eu estava sentado diante dela, de costas para a janela, a fim de escutar a sua torrente de eloquência. Na noite anterior, ela havia tido um sonho impressionante no qual alguém lhe dava um escaravelho de ouro (uma joia preciosa) de presente. Enquanto ela me contava o sonho, eu ouvi que alguma coisa batia de leve na janela, por trás de mim. Voltei-me e vi que se tratava de um inseto alado de certo tamanho que se chocou com a vidraça, pelo lado de fora, evidentemente com a intenção de entrar no aposento escuro. Isto me pareceu estranho. Abri imediatamente a janela e apanhei o animalzinho em pleno voo, no ar. Era um *escarabeídeo*, da espécie de *Cetonia aurata*, o besouro-rosa comum, cuja cor verde-dourada torna-o muito semelhante a um escaravelho de ouro. Estendi-lhe o besouro, dizendo-lhe: 'Está aqui o seu escaravelho'. Este acontecimento abriu a brecha desejada no seu racionalismo, e com isto rompeu-se o gelo de sua resistência intelectual (JUNG, 1998a, par. 972).

Existem inúmeros relatos, por toda a vasta obra junguiana, com exemplos de sonhos em que a participação mística ajudou no entendimento do problema do paciente, pois o inconsciente de Jung e do seu paciente, estando em *conjuntion*, puderam revelar como deveria ser abordada a situação, para esclarecê-la. Um exemplo: Jung atendia uma mulher muito inteligente, que lhe levantava alguma suspeita por motivo que não revela. Com o caminhar da terapia, ele não conseguia, através da análise dos sonhos da paciente, concluir algo de importante, e a terapia ficou em ponto morto. Resolveu, então, abordá-la, pois ela já dava sinais de perceber que a análise não estava funcionando.

Na noite que precedeu a sessão seguinte, tive o seguinte sonho: 'eu andava através de um caminho agreste num vale, ao crepúsculo. À direita, erguia-se uma colina abrupta. No alto, havia um castelo; na torre mais alta, uma mulher estava sentada numa espécie de balaustrada. Para conseguir vê-la bem, precisava erguer a cabeça, forçando-a para trás'. Acordei com cãibra na nuca. Já no sonho, compreendera que essa mulher era a doente em questão (JUNG, 2006, p. 160).

O sonho o fez ver que deveria mudar a forma como a olhava. Ele se colocara num patamar alto, vendo-a embaixo, e o sonho manda que ele a olhe de forma mais respeitosa, ou seja, valorizando-a mais. Ao relatar e interpretar o sonho para a paciente, houve uma mudança na condução terapêutica, que pôde seguir normalmente, atingindo seus objetivos.

Estes fatos devem chamar a atenção do terapeuta para a perspectiva de que a terapia acontece num nível além do seu conhecimento consciente e dos métodos aprendidos na academia. É claro que o embasamento teórico é uma bússola e uma diretriz para entendimento dos processos que acontecem com seus pacientes. Mas, ele deve saber que, com cada um deles, estabelece relações inconscientes específicas, vive numa situação de múltipla participação mística e sua vida vai refletir esse caleidoscópio relacional inconsciente. Por isso, se impõe a terapia a ele, a fim de integrar os elementos constelados pelo *diálogo* inconsciente que mantém com todos os seus analisandos.

Para Jung, a relação médico-paciente pode levar ao acontecimento de fenômenos de participação mística, desde que intervenha uma transferência ou uma identificação entre eles. Muitas vezes, aconteceram fenômenos desse tipo entre ele e seus pacientes. Um caso que mais o impressionou foi o de um doente a quem livrara de uma *depressão psicógena*. Voltara para casa e se consorciara. A mulher, entretanto, não simpatizava com Jung, e ele sentiu que ela o encarava *como uma pedra no sapato*, pelo reconhecimento que o marido lhe tinha por causa da cura.

Às vezes, as mulheres que não amam verdadeiramente os maridos sentem ciúmes e destroem as amizades deles. Querem os maridos sem admitir partilha, justamente porque não lhes pertencem. O núcleo de todo ciúme é a falta de amor (JUNG, 2006, p. 164).

O doente sentia a pressão da mulher, e ela se lhe tornou insuportável. Por isso, um ano depois do casamento, voltou a se sentir deprimido. Jung lhe havia pedido que se isso voltasse a ocorrer, o procurasse:

Mas ele não o fez, e sua mulher teve parte nisso, uma vez que não dava importância ao seu humor depressivo. Ele não me procurou.

Nessa época, eu devia fazer uma conferência em B. Quase a meia-noite voltei ao hotel. Depois da conferência, jantei com alguns amigos e logo fui deitar-me. Não conseguia dormir. Por volta das duas horas — tinha acabado de dormir — acordei espantado, persuadido de que alguém viera ao meu quarto; tinha também a impressão de que a porta se abrira precipitadamente. Acendi a luz, mas não vi coisa alguma. Pensei que alguém se enganara de porta; olhei no corredor, silêncio de morte. 'Estranho', pensei, 'alguém entrou no meu quarto!' Procurei avivar minhas lembranças e percebi que acordara com a sensação de uma dor surda, como se algo tivesse ricocheteado em minha fronte e em seguida tivesse batido na parte posterior do meu crânio. No dia seguinte, recebi um telegrama me avisando que aquele doente se suicidara. Dera um tiro na cabeça. Soube mais tarde que a bala se detivera na parte posterior do crânio.

Tratava-se, neste caso, de um verdadeiro fenômeno de sincronicidade, tal como se pode observar frequentemente numa situação arquetípica — no caso, a morte. Dada a relatividade do tempo e do espaço no inconsciente, é possível que eu tenha percebido o que se passara, em realidade, num outro lugar. O inconsciente coletivo é comum a todos os homens; e o fundamento daquilo que a antiguidade chamava de 'simpatia de todas as coisas'. No caso em questão, meu inconsciente conhecia o estado do meu doente. Durante a noite inteira eu experimentara um nervosismo e uma inquietação espantosa, muito diferente do meu humor usual (JUNG, 1997, p. 164-165).

Este tipo de sonho é um *aviso de morte*, e este aviso se dá quando uma pessoa é informada por sonhos, sentimentos ou acontecimentos de que alguém do seu relacionamento, geralmente parente ou amigo, morreu. Em geral, a percepção se dá no momento em que o fato ocorre. No caso relatado, a participação mística, como uma emissão telepática, criou as sensações alucinatórias de Jung.

O psicanalista Jan Ehrenwald (1900-1988) relata diversos casos de pacientes seus, com os quais houve uma ligação inconsciente forte, uma participação mística com profundas intercorrências no processo terapêutico. Uma sua paciente teve uma série de sonhos em que houve o que ele denomina de *telepatia*, que, como vimos mais acima, representa um vínculo de participação mística entre terapeuta e paciente. No sonho, ela descreve uma residência que ele estava preparando para uma parente, com detalhes impressionantes. Outros acontecimentos existenciais da vida de Ehrenwald apareciam clara ou simbolicamente em outros sonhos da sua paciente. E isto indicava uma forte transferência dela para com ele, e claro, uma contra transferência de igual força. (EHRENWALD, 1961, p. 40-64).

Cuidados a se Ter com a Participação Mística Apresentada pelo Paciente

Quando atendendo um paciente imaturo, que vive ainda em estado de infantilidade psíquica em relação à vida ou aspectos dela, o terapeuta deve verificar o seu estado de participação mística, pois quanto mais inconscientemente unilateralizado ele esteja maior sua participação mística. Cabe ao terapeuta levá-lo a crescer, isto é, conscientizá-lo do seu aspecto infantil, desenvolvendo-se para aprender a lidar com sua existência de maneira adulta e consciente, pois "o espaço para a existência da consciência surge entre os opostos, o que significa que nos tornamos conscientes de ser capazes de conter e de suportar os opostos em nosso interior" (EDINGER, 1990, p. 203). Em outras palavras, estruturar o ego para que possa enfrentar as situações opostas, trabalhar a enantiodromia normal do devir existencial.

Outro aspecto importante a ser verificado na análise de pacientes que perderam pessoas queridas por morte é justamente o problema do rompimento das identificações inconscientes, ou seja, da participação mística, levando a crises profundas, porém necessárias à individuação:

> ...a morte de uma pessoa amada é um aspecto da individuação. A morte de um pai, irmão ou irmã, de um filho, de um amante, de um cônjuge, é uma crise de individuação que desafia os estados elementares de identificação e de *participation mystique*. O vínculo inconsciente do ego com o si-mesmo encontra-se imerso nessas identificações primárias e esta é a razão

pela qual uma morte desse tipo é essencial. Ela levará, quer a um aumento da percepção do Si-mesmo, quer a efeitos negativos, regressivos e até fatais, caso o potencial para a consciência seja abortado (EDINGER, 1990, p. 218).

Isto demonstra como é necessário que se leve em conta a participação mística no processo analítico, porque tem implicações a cada momento dele, para que haja um desenvolvimento positivo da individuação do paciente. Afinal de contas,

> En último análises, una interpretación no es outra cosa que um estímulo que toca al paciente al nível del yo, pero que se filtra más abajo, en los estratos inconscientes, y pone em movimiento un encadeamento de sucessos que, si son manipulados diestramiente, dan por último resultado un cambio dinâmico de la personalidad en la dirección deseada (EHRENWALD, 1961, p. 306-307).

Finalizando, para se resolver problemas gerados pela participação mística, o paciente deve ser levado a conscientizá-la e integrá-la. Verificar que deve resolver a questão da identificação que apresenta, estabelecendo um critério de discriminação entre si e o objeto com o qual está identificado.

> Mesmo sendo a 'participation mystique' um fato inconsciente para a pessoa, sentirá ela a diferença quando aquela não mais existir. Existirá sempre, por assim dizer, certa diferença entra a psicologia de um homem cujo pai ainda vive e a de um homem cujo pai já faleceu. Enquanto subsistir uma 'participation mystique' com os pais, pode ser mantido um estilo de vida relativamente infantil. (JUNG, 1993, par. 70).

Assim, ao se libertar, poderá usufruir muito mais a relação com o objeto, além de liberar a quantidade de libido que estava presa na projeção, podendo usá-la no seu processo de individuação.

Participação Mística, uma Visão Espírita

Neste capítulo, procurarei demonstrar como o fenômeno da participação mística é uma realidade efetiva do ponto de vista do Espiritismo. Irei mais além, fazendo uma aproximação entre os conceitos de inconsciente e mundo espiritual e desenvolvendo as considerações de Jung a respeito, com uma breve análise á luz dos princípios espiritistas.

Mundo Espiritual e Inconsciente

O Espiritismo comprova a preexistência e a sobrevivência da alma. Assim, demonstra uma verdade arquetípica que os homens primitivos admitiram desde o mais remoto passado e que o homem moderno, de modo geral, continua a admitir.

Espírito e mundo espiritual formam uma realidade invisível que envolve e permeia o mundo físico. O mundo espiritual inter-relaciona-se com o mundo físico de forma semelhante ao espírito com o corpo, ou seja, de maneira completa. As fronteiras entre as duas dimensões têm uma qualidade *pantáquica*.[30]

Uma definição do Espiritismo feita por Allan Kardec (1804-1869) corrobora essa analogia: "O *Espiritismo* é a nova Ciência que vem revelar aos homens, por provas irrecusáveis, a existência e a

---

30 Do grego πανταχοῦ, que significa em todas as partes, absolutamente. Neologismo sugerido pelo espírito de Leonardo Da Vinci, e usado por mim para denominar os limites da inter-relação entre mundo espiritual e mundo físico, que são a um só tempo externos e internos, imanentes e transcendentes, longínquos e propínquos. (ARGOLLO, 1994, p. 100 e 105, nota n° 12)

natureza do mundo espiritual e suas relações com o mundo corporal" (Kardec, 2010, p. 43, item 5).

O mundo invisível e o material trocam energias permanentemente e, mais que isso, vivem em verdadeira simbiose, como duas contrapartes de um todo, que podemos denominar de *Universo Total*. A configuração arquetípica que o simboliza é, sem dúvida, o *tao-chi*, em que a dimensão espiritual seria o *ying*, e a corporal o *yang*.

O mundo espiritual é o *mundo do inconsciente*, e o mundo físico, o *mundo da consciência*. E isto não é mera analogia. Quando o espírito encarna, é obrigado a viver no mundo da consciência para, em regime gradual, poder integrar os conteúdos do inconsciente a ela e ampliá-la; o objetivo é tornar-se cada vez mais senhor de si mesmo, realizando a plenitude do próprio ser, tornando-se *um inconsciente realizado*. Por isso, o espírito precisa *encarnar*. Poderia ele fazer esta integração no mundo espiritual? Com extrema dificuldade, pois a *lei de afinidade eletiva* age de maneira tão forte no mundo espiritual quanto as *forças forte e fraca* no mundo da estrutura infra-atômica.

Exploremos um pouco mais esse conceito do mundo espiritual como o mundo do inconsciente. Essa denominação foi criada por Jung em suas análises sobre a sobrevivência da alma. Ele chama a atenção para o fato de que os espíritos se comportam, em relação ao mundo físico que deixaram, com os conteúdos do inconsciente que, após algum tempo de emersão no consciente, retornam para os abismos do inconsciente. Ao emergirem novamente, tempos depois, demonstram uma grande falta de informação sobre o presente consciencial, como se fossem o *Rip van Winkle* do mito que dormiu por um imenso lapso de tempo, acordando com a ilusão de que ainda estava no seu tempo, portanto, preso às suas experiências do momento em que adormeceu, necessitando ser informado sobre o que aconteceu durante o período que durou o seu sono.

Em apoio a essa tese, Jung apresenta o caso da sua anima *Salomé*, e de *Elias* que, durante algum tempo, mantiveram contato com sua consciência[31]. Elias, mais tarde, deixou de aparecer e apareceu outro conteúdo que se denominava *Fénelon*. Eu uso a expressão *conteúdo do inconsciente*, porque Jung usa-a, mas para mim se tratava de fenômenos mediúnicos (ARGOLLO, 2004, p. 74-80). Depois de muito tempo, *desaparecida no inconsciente*, segundo Jung, ao retornar, estava completamente desatualizada do que se

---

31 Em plena crise psicológica, depois do rompimento com Freud, Jung resolveu entregar-se a um mergulho interior ou, como ele diz, às suas fantasias. Acontece que tais fantasias se corporificaram. Primeiro se apresentaram como um casal, que se denominam Elias e Salomé. Salomé era uma mulher bonita, porém cega. Ambos demonstram independência e sabedoria, orientando e esclarecendo muitos problemas existenciais de Jung. Na verdade, acredito que estamos diante de desdobramentos e vidências, as quais começam com o acesso a um lugar, que a mim parece se localizar no mundo espiritual. Ele diz que primeiro apareceu a imagem de uma cratera e, ao mesmo tempo, lhe pareceu estar no mundo dos mortos. Duas figuras, uma bela jovem e um homem idoso, de barba branca, foram vistas por ele ao pé de um alto muro rochoso. Para abordá-los, teve de reunir toda a sua coragem. E o fez como se fossem seres normais, escutando o que lhe diziam, atentamente. O homem disse chamar-se Elias, o que lhe causou um abalo. Já a moça disse chamar-se Salomé. Achou o casal estranho, mas Elias lhe informou que os dois estavam ligados por toda a eternidade, o que o fez ficar mais confuso ainda. Mais tarde Jung os identifica como as figuras bíblicas tão conhecidas (ARGOLLO, 2004, p. 74-75).

passara no intervalo. Também utiliza sonhos seus e de pacientes para afirmar seu ponto de vista. Uma de suas pacientes, por exemplo, que se encontrava perto de morrer, sonhou que estava no mundo espiritual, num grande anfiteatro, e ali foi convidada a falar, para um público desencarnado, sobre tudo o que havia acontecido no mundo, até então, para se atualizarem, pois estavam desinformados sobre os eventos após suas mortes.

> Uma de minhas alunas de quase sessenta anos teve um sonho particularmente importante, mais ou menos dois meses antes de morrer: ela chegava ao além; numa sala de aula, nos primeiros bancos, estavam sentadas várias de suas amigas falecidas. Uma atmosfera de expectativa geral reinava no ambiente. Olhou em torno, procurando um mestre ou um conferencista, mas não encontrou ninguém. Fizeram-na compreender que o conferencista era ela própria, porque todos os mortos deviam, imediatamente depois do falecimento, apresentar um relatório da soma de experiências por que passaram em vida. Os mortos se interessavam extraordinariamente pelas experiências da vida que os defuntos traziam, como se os fatos e os atos da vida terrestre fossem acontecimentos decisivos.
>
> Em todo caso, o sonho descreve um auditório muito singular, impossível de ser encontrado na Terra: as pessoas se interessavam ardentemente pelo resultado final, psicológico, de uma vida humana, que, segundo nossa maneira de pensar, nada tem de notável — além da conclusão que dela se possa tirar. Mas se o 'público' se encontra numa intemporalidade relativa, em que 'escoamento', 'acontecimento', 'desenvolvimento' se tornaram noções aleatórias, compreende-se que possa interessar-se particularmente pelo que mais lhe falta no estado em que se encontra.

Na época em que teve esse sonho, a pessoa em questão temia morrer e procurava, tanto quanto possível, afastar essa ideia do pensamento consciente (JUNG, 2006, p. 345-346).

Esta é uma proposição interessante porque, em verdade, os espíritos, nas comunicações mediúnicas, se apresentam em estados diversos de consciência sobre si mesmos, sobre o que acontece ao seu redor e o que se passa no mundo que foram obrigados a deixar.

Normalmente os desencarnados estão presos a seus próprios conflitos, em processo autista intenso, alheados do que se passa fora deles. E isto tem uma explicação. Ao voltarem ao mundo espiritual, são tomados de forma constringente pelas psicopatias, das quais o ego físico muitas vezes os protegia com seus mecanismos de defesa. Sem o corpo físico, tornam-se joguetes do inconsciente e da sombra, que os prendem em laços fortes e difíceis de serem desfeitos. Por isso, muitos vagam como sombras pelos espaços terrestres ou espirituais, sem rumo, ligados a processos mentais que se repetem de forma recorrente. Assemelham-se a Sisifos, cuja pedra a ser movida permanentemente está no âmago do seu próprio psiquismo.

Outros ainda se tornam parasitas de afetos ou desafetos encarnados, vivendo em tormentosa simbiose, perdendo contato com a realidade, tornados em meros apêndices dos seus hospedeiros. Outros ainda ficam enlaçados com a vida familiar que foram obrigados a deixar, parasitando seus antigos companheiros de consanguinidade, psicoticamente se imaginando ainda no contexto ultrapassado.

Um bom número encastela-se em seus delírios, mantendo e vivendo uma realidade fictícia, criada no ambiente espiritual por seus mecanismos de defesa, desde que se recusam a aceitar a ideia da morte, tentando prorrogar uma existência que não existe mais. Esses pobres *escravos de Maya*, perdidos em suas ilusórias criações, não têm como receber informações sobre o que se passa no próprio mundo espiritual quanto mais no mundo físico.

Creio que esses breves raciocínios servem para corroborar o conceito junguiano de um *Além*, que é o *mundo do inconsciente*. O medo da morte repete, *modus in rebus*, o medo que o ego tem do inconsciente, que sabe maior e mais poderoso do que ele. Afinal, morrer é voltar ao inconsciente de que se saiu, ao nascer.

O ego físico, justamente por ser um complexo de base orgânica, sente que a morte e o inconsciente são temíveis adversários, pois o farão desaparecer, e luta contra isso como pode. E, de certa forma, tem razão. Afinal, morrer é sofrer uma mudança absoluta. Perde-se toda a referência a que se estava habituado: família, trabalho, ligações afetivas, sonhos e esperanças, o usufruto das realizações de uma existência inteira. Finalmente, a perda maior: o corpo físico. Não costumamos valorizar o nosso organismo, mas ele tem um valor muito grande para nós, espíritos. Ele nos acostuma a sensações densas, que dão real prazer.

Quando, nos mitos gregos, as sombras se lamentam do que perderam no mundo, o corpo com suas sensações está na base da perda. Boa parte dos *dēfūnctus*, por medo natural do *novo e desconhecido mundo*, retornam para o convívio dos seus familiares, amigos ou associações a que pertenciam. Isso lhes proporciona um certo conforto psicológico, mas o mais importante é viver na atmosfera de emanações vitais do ambiente em que se refugiam, as quais, como as substâncias químicas dos viciados, dão a ilusão das sensações físicas que lhes fazem falta. Um número considerável de desencarnados sofrem crise de abstinência do corpo físico, pois o corpo espiritual possui sensações de outra qualidade. Temos de convir com uma verdade fundamental e irrecorrível: morrer é retornar para o inconsciente do qual se saiu. Enfim, a morte é realmente o fim; o fim de uma existência e de tudo o que nela se tinha e a que se estava naturalmente apegado. Leva-se consigo o aprendizado, a experiência, o vivido. O resto se perde e, chegando-se ao mundo espiritual, tudo tem de ser reconstruído num meio totalmente diferenciado, com novos fenômenos e novas exigências.

As comunicações que temos sobre o mundo dos espíritos, desde os inícios da segunda revolução mediúnica da história humana (ARGOLLO, 2000), nos mostram que ele não é apenas um lugar onde o inconsciente se liberta das amarras cerebrais, sobrepondo-se ao consciente, mas um lócus do inconsciente propriamente dito. Pode-se, realmente, usar as expressões *mundo espiritual* e *mundo do inconsciente* como sinônimas.

No mundo espiritual, o psiquismo assume, *mutatis muntandi*, sua totalidade. Não uma totalidade consciente, mas uma totalidade em que o consciente está sob o império do inconsciente de forma quase absoluta. É um lugar onde o corpo reflete, de forma visível, as psicopatologias, e o arquétipo da sombra se mostra em sua plenitude.

No mundo espiritual, a *persona* não é apenas um *modo psíquico relacional*, mas conformação efetiva do corpo espiritual, que muda facilmente sua estrutura, fazendo a pessoa aparecer como é ou como quer ser. E isto normalmente de forma inconsciente. Exemplo disso são os espíritos recém-desencarnados sempre aparecerem com o mesmo traje de quando morreram. Aqueles que estavam há algum tempo nus, antes do desencarne, assim aparecem. Ora, eles *somatizam*, quer dizer, conformam o corpo espiritual, inconscientemente, com a imagem que guardam de si mesmos. Autoimagem, como se vê, não é simplesmente um *nomina*, mas um fato real que molda a aparência de acordo com o que se pensa e sente sobre si mesmo.

No mundo espiritual, pode-se trocar de aparência conscientemente, mas o *psicossoma* sempre refletirá a realidade íntima do ser. Não se pode enganar os iguais nem os superiores, embora se possa iludir os inferiores. O corpo espiritual reflete automaticamente o que se passa no psiquismo. Assim como, quando encarnados, não podemos conter os impulsos emocionais que nos inundam, da mesma forma não podemos, no mundo dos espíritos, dominar as constelações de arquétipos e complexos que se projetam, de maneira irresistível, em nós e no nosso entorno.

No corpo espiritual, apresentam-se *fisicamente* as inquietações, os conflitos, as raivas, os ódios, as alegrias, os afetos, enfim, todo o espectro emocional vivido pelo ser. É um lugar que deixa pouquíssimo espaço para a hipocrisia e a falsidade. A projeção se estampa, de forma *material*, em si mesmo. É claro que a projeção, enquanto fenômeno inconsciente, permanece e atua, bem como todas as funções do psiquismo.

Os espíritos ainda apresentam raivas, ódios, angústias, desgostos, medo, depressão, pânico e todas as psicopatologias conhecidas. Mas, afinal, tudo isso é do psiquismo, e o psiquismo é fundamentalmente a própria alma.

Simultaneamente, nesse mundo do inconsciente, o ser pode regressar ao passado não apenas como lembrança mas como *recriação física*, ou seja, os episódios passados reconfiguram a própria estrutura da matéria espiritual, recriando-se nos mínimos detalhes, num fenômeno de materialização efetiva, real, como um holograma mnemônico projetado no espaço atual. No mundo dos espíritos, o tempo e o espaço perdem expressão, e a alma se transporta instantaneamente de um lugar para o outro, sem que qualquer obstáculo se interponha ao seu translado.

Assim como nos sonhos, o esprito, no mundo espiritual, pode levitar, tomar a aparência que deseje, até mesmo mitológica. Pode ser uma quimera, um centauro, uma ninfa, enfim, pode metamorfosear-se fisicamente em um ser das lendas ou dos contos de fadas. Muitos assumem formas animalescas para impressionar ou assustar, o que vem ao encontro do conceito junguiano do mundo espiritual como o mundo do inconsciente, pois, no inconsciente, se encontram as matrizes dos mitos, lendas e contos de fadas. E a história cultural e a religiosa dos povos, em todas as épocas, apresentam, *mutatis mutandis*, os mesmos motivos mitológicos, lendários, por mais distanciados que estejam no tempo e no espaço.

O mundo espiritual é um mundo mágico, em que acontecem todas as projeções arquetípicas que, no mundo da consciência, se apresentam apenas de forma simbólica. No mundo invisível, os arquétipos continuam a atuar, e o inconsciente permanece com sua função de simbolizar, de regular, bem como com todas as outras.

Uma outra situação que se apresenta é a da repressão nas urbes espirituais teocráticas, como a encontrada no célebre livro *Nosso Lar*, psicografado pelo Espírito André Luiz. Nelas há uma intensa repressão dos impulsos primitivos e um estímulo permanente ao cultivo de uma persona religiosa e radicalmente moralista. Estabelece-se uma pressão coletiva intensa em auxílio à repressão do mal. Acontece que o chamado mal está, por bilhões de anos, na natureza espiritual, fruto das experiências, encarnações e reencarnações nos diversos nichos das espécies animais e vegetais. Nossas vidas como animais conscientes têm poucos milhares de anos, e nossa efetiva racionalidade, alguns séculos.

Como sufocar o que está em nosso inconsciente e é tão necessário a ponto de, na organogênese, repetirmos em largos traços a nossa evolução animal? A repressão do mal de forma anormal e inconsequente gera, nos espíritos desencarnados, um grande temor da encarnação, embora muitos a saibam uma necessidade impostergável, porém tida como perigosa, pois permitirá que o mal reprimido emerja, com força total, no meio físico.

O corpo é tido como um *veículo do mal*, como sendo a causa dos problemas da alma. Na verdade, os espíritos submetidos a tal repressão teocrática projetam no corpo a própria sombra. Na obra de

André Luiz, existem diversos episódios corroborando esse "pânico da encarnação", essa condenação explícita do corpo, bem como da matéria como um todo, como origem de todo o mal. Esse é um "pecado original" da filosofia socrático-platônica, absorvido e aprofundado pelo sincretismo hebraico-politeísta, que é o Cristianismo.

Temos de convir que o ser que precisa se desenvolver é o espírito, quer encarnado, quer desencarnado. É nele que está o conflito básico entre a natureza animal, que ainda é sua, e o ser humano que pretende ser. O espírito, encarnado ou desencarnado, necessita integrar os conteúdos do inconsciente na consciência, recolher suas projeções, aceitar-se como responsável pelo seu próprio destino, aceitando e integralizando conscientemente tanto a sombra escura quanto a sombra áurea.

Enfim, ele precisa *tornar-se o que é*, desenvolver a sua qualidade humana e realizar-se plenamente como uma singularidade psíquica, para deixar de ser objeto da evolução, tornando-se sujeito dela. Ainda precisa desenvolver o autoconhecimento, e muitos se recusam ou nem sabem o que é isto.

Igualmente, no mundo dos espíritos, reina a afinidade como lei absoluta que não se pode burlar. Os iguais se atraem automaticamente. Mas passemos agora ao tema efetivo deste capítulo.

Mundo Espiritual e Participação Mística

No mundo espiritual, as almas se comunicam pelo pensamento. Aqueles espíritos que ainda estão vivendo a neurose da ligação com o corpo pretendem continuar com as mesmas restrições, e o falar é uma delas. Acreditam na necessidade da comunicação oral, embora não precisem disso, podendo praticar a *telepatia* pura e simples. Mesmo os espíritos que mantêm a ilusão de estarem no corpo físico podem ser atraídos por um chamado mental de alguém, encarnado ou desencarnado. Esta é uma função natural da alma, tanto assim que vigora permanentemente entre os encarnados, sendo apenas descartada pelo ego, quando acontece, pois não lhe interessa o contato com funções do inconsciente, do qual tem medo *visceral*.

No mundo invisível, os espíritos se reúnem em grupos estruturados por afinidade, o que mostra existir uma ligação inconsciente entre eles, ou seja, uma participação mística. Nessa condição, permanecem em regime de identidade, o que é um fator impeditivo do desenvolvimento pessoal. A permanência na identificação faculta o reforço de crenças, atitudes, pensamentos e inclinações do grupo. Perdido na indiferenciação do grupo, o indivíduo praticamente desaparece, tornando-se apenas um joguete do coletivo.

Este é um ponto que se deve estudar e desenvolver no movimento espírita, dando continuidade ao pensamento e à ação de Allan Kardec, cujo objetivo era estudar, cada vez mais profundamente, o espírito e sua vida além−túmulo para favorecer o nosso desenvolvimento, pois, apropriando-nos, ainda encarnados, da realidade espiritual e seu modo de ser, voltamos ao mundo espiritual com outra perspectiva, modificando a forma de ali viver, podendo usar esse prévio conhecimento como meio de utilizar a estada no mundo espiritual com maior objetividade.

Estudando e conhecendo previamente o mundo dos espíritos, voltaremos a ele não como recorrentes iniciantes, mas como almas conhecedoras das possibilidades a serem exploradas ali. Isso nos dará condição de tomar resoluções conscientes, objetivas e mais corretas sobre nossas existências futuras, que até hoje, normalmente, são assumidas por impulsos inconscientes, com pouca possibilidade de favorecer um rápido e efetivo desenvolvimento, no sentido da *individuação total*, também denominada *perfeição espiritual*.

O estudo e conhecimento sobre a alma e sua existência e do mundo em que ela vive é um fator que supera a participação mística que nos é imposta quando lá chegamos. Deixarmos de viver em regime de identificação inconsciente, como simples elementos de coletivos, é o objetivo da evolução. E isto somente pode ser conseguido pela individuação. Ela nos torna capazes de voltarmos ao mundo espiritual como *singularidades psíquicas*, ali superando a *lei de afinidade*, que nada mais é do que um fenômeno projetivo de identificação, uma participação mística.

Participação Mística: uma Resultante da Identidade Fundamental da Criação

Podemos entender o que significa participação mística de um modo geral e, segundo o Espiritismo, em particular se fizermos alguns razoamentos.

O *Samadhi* é uma forma de êxtase que normalmente acontece após uma série de exercícios físicos e psíquicos, envolvendo posturas, práticas respiratórias, alimentação específica, parada do fluxo do pensamento e concentração no vazio mental. Depois de um tempo variável de prática, o iogue entra em Samadhi e, o êxtase é descrito como uma percepção transcendente de que "tudo é um", ou seja, de que existe uma unidade básica entre todas as coisas, o quer dizerque existe um monismo absoluto — todos os seres e coisas sendo transformações de um mesmo princípio. Em outras palavras, tudo o que existe não passa de variações de um único tema.

A astrofísica defende um conceito semelhante quando, ao teorizar sobre o Big Bang, afirma que, no início, somente havia um princípio energético indiferenciado, uma força única, da qual tudo o mais derivou. Muitos físicos nucleares veem, há muito, propondo uma visão monística ao teorizarem que, na base de todos os fenômenos, existem as *supercordas*, as quais, vibrando em ritmos específicos, formam as partículas básicas, das quais tudo é formado; outros atribuem o princípio de tudo a *membranas* que, ao se tocarem, dão origem a universos variados. Se isto não significa que estão defendendo que tudo é criado de um princípio fundamental, único, não sei o que poderia significar.

Dessa forma, sendo tudo originário de uma "substância", se é que a palavra pode ser empregada a ela, logicamente existe um vínculo essencial que permite o acontecer da participação mística entre tudo o que existe. Assim, a inter-relação inconsciente é o resultado da essencial igualdade que existe entre todas as coisas criadas.

O Espiritismo ensina que existe um princípio fundamental, que denomina de *princípio inteligente*, que deriva de um *reservatório da inteligência universal*. Sem entrar numa discussão escolástico-platônica sobre *nomina*, quer dizer, da relação entre os nomes e as coisas que eles nomeiam, ficarei apenas na questão do princípio único de que tudo deriva, até mesmo o próprio *reservatório*, de um princípio original e primordial que é a *Inteligência Suprema*, a causa primeira de tudo.

Portanto, filosoficamente, a Doutrina Espírita cria a possibilidade de um pensar monístico. Partindo dessa possibilidade, podemos avançar um pouco a linha teórica, imaginando que, do reservatório da inteligência universal, tudo se forma, quer dizer, tudo o que existe é uma transformação sucessiva desse princípio fundamental.

Esclarecendo mais ainda meu raciocínio, desse *reservatório* tudo o mais deriva. Assim, seres e coisas são modificações do princípio fundamental, assim como tudo o que existe deriva da energia única do início do nosso universo, também a energia, da qual a própria matéria é formada.

Isto nos remete ao mesmo modo de pensar hindu ou de físicos, que veem todas as coisas como formadas de um só princípio, em graus e formas diversificadas, mas mantendo a similitude essencial. Nos leva também à mesma conclusão de que a participação mística é, em última análise, uma realidade permitida por essa igualdade essencial de tudo o que existe.

O mundo espiritual, como o mundo do inconsciente, permite que a participação mística se faça mais explícita e comum. Entre os seres e coisas do mundo físico, as restrições dos veículos de expressão criam dificuldade à percepção clara da participação mística, que, na verdade, ocorre todo o tempo.

No caso dos espíritos encarnados, a limitação sensorial do consciente pelo sistema nervoso, o ego físico e as crenças impostas pelo meio em que encarnam criam dificuldades às percepções espirituais. Logo,às manifestações do próprio inconsciente e, por via de consequência, à participação mística que, em última instância, acontece de forma permanente entre nós e tudo o que faz parte de *nossas circunstâncias*.

Considerações Finais

Embora Jung se refira à participação mística a cada passo de sua vasta obra, sentimos que ela vem sendo muito pouco estudada e pesquisada. As obras dos pós-junguianos a ela se referem também *enpassant*, como fez o mestre, sem lhe dedicarem a importância que merece. Normalmente a colocam simplesmente sob o vasto rótulo da projeção ou da identificação, sem analisar seu vasto campo de ação, como vimos ao longo deste livro.

Fenômeno tipicamente da estrutura arquetípica da psiquê, a participação mística é a demonstração cabal de que os arquétipos extrapolam os limites do psiquismo, gerando uma interação permanente entre o indivíduo e suas circunstâncias, incluído aí o meio ambiente como um todo.

A participação mística pode ser encontrada em todos os lugares onde o ser humano esteja e por toda a História, como um laço invisível e poderoso a ligar indivíduos e coletividades, gerando catástrofes sem conta. Quanto mais grupos de pessoas, das duplas às coletividades, em seus vários níveis, se oponham antagonicamente no fenômeno de projeção da sombra, tanto maior será a participação mística entre eles. Por isso, os que vivem às turras normalmente não conseguem se afastar. Os exemplos são inúmeros. Como vimos na exposição precedente, casais podem viver uma existência inteira em permanente estado antagônico, sem se desligarem por causa da participação mística que os prendem em suas teias. Zeus e Hera estão nessa situação e nos servem de alerta. O oriente e o ocidente, desde a guerra de Troia, vivem uma situação de conflito permanente por causa dessa força inconsciente que os atraem fortemente, enquanto, no plano da consciência, lutam ferozmente uma guerra sem quartel. Entre nações, vemos os embates dramáticos entre hebreus e filisteus, Atenas e Esparta, gregos e persas, romanos e cartagineses, Império romano e Comunidade cristã, judeus e samaritanos, cristãos e muçulmanos, Inglaterra e França, israelenses e árabes e muitos outros. Entre indivíduos tem-se Caim e Abel, no plano mitológico, enquanto, no histórico, repontam Saul e David, Sila e Mário, Júlio César e Pompeu, Elizabeth I e Mary Stuart e outros.

A solução seria uma real admissão de que cada um está projetando sua sombra no outro, e os pares antagônicos buscarem resolver em si os problemas que projetam, para que a participação mística permaneça num clima de encontro amoroso, fraternal, cheio de projeções de paz, sinceridade e convivência moldada na compreensão e no auxílio mútuo, para desenvolvimento positivo.

O estudo mais aprofundado da participação mística nos levará, enquanto terapeutas e indivíduos, a uma melhor visão da estrutura dos conflitos entre os seres humanos, pois eles apenas ressaltam a existência de um potente atrator residente no inconsciente, cuja origem parece ser a necessidade da convivência harmoniosa e amorável. De modo geral, foi no seio das coletividades com maiores conflitos internos e externos que surgiram expoentes religiosos, mensageiros do amor, da paz e do perdão, como nos mostra a história das religiões.

Referências Bibliográficas

ANDRÉ LUIZ. Nosso lar. Psicografado por Francisco C. Xavier.54.ed. Brasília: FEB, 2003.

ARGOLLO, Djalma. A Trajetória evolutiva do ser. São Paulo: Martin Claret, 2000.

ARGOLLO, Djalma. Jung e a mediunidade. Salvador-BA: Fundação Lar Harmonia, 2004.

ARGOLLO, Djalma. Possibilidades evolutivas. São Paulo: Mnêmio Túlio, 1994.

BOZZANO, Ernesto. Os animais têm alma? São Paulo: LAKE, 1998.

BOZZANO, Ernesto. Povos primitivos e manifestações supranormais. São Paulo: Jornalística FE, 1997.

EDINGER, Edward F. Anatomia da psique. São Paulo: Cultrix, 1990.

EHRENWALD, Jan. Telepatía y relaciones interpersonales. Madri : Paidós, 1961.

FRANZ, Marie-Louise. Carl Gustav Jung: seu mito em nossa época. São Paulo: Cultrix, 1997.

JACOB, Jolande. La psicologia de C. G. Jung. Madri: Epalsa-Calpe, 1963.

JUNG, C. G. A dinâmica do inconsciente. In:_. Obras completas. Petrópolis-RJ: Vozes, 1998ª, v.8.

JUNG, C. G. Cartas. Petrópolis-RJ: Vozes, 2001, v.1.

JUNG, C.G. Cartas:1946-1955. Petrópolis-RJ: Vozes, 2002, v.2.

JUNG, C. G. Cartas: 1956-1961. Petrópolis-RJ: Vozes, 2003b, v.3.

JUNG, C. G. Children's dreams: note of a seminar given in 1936-1940. Princeton: Princeton University Press, 2008.

JUNG, C. G. Estudos alquímicos. In:_. Obras completas. Petrópoles-RJ: Vozes, 2003a, v.13.

JUNG, C. G. Estudos sobre psicologia analítica. In:_.Obras completas. Petrópolis-RJ: Vozes, 1981, v.7.

JUNG, C. G. Memória, sonhos, reflexão. 13.ed. Rio de Janeiro: Nova Fronteira, 2006.

JUNG, C. G. O desenvolvimento da personalidade. In: _. Obras completas. Petrópolis-RJ: Vozes, 1986b, v.17.

JUNG, C. G. Os arquétipos e o inconsciente coletivo. In:_. Obras completes. Petrópolis-RJ: Vozes, 2000. v.9, t.1.

JUNG, C. G. Psicogênese das doenças mentais. In:_. Obras completas. Petrópolis-RJ: Vozes, 1986a, v.3.

JUNG, C. G. Psicologia da religião ocidental e oriental. In: Obras completas. Petrópolis-RJ: Vozes, 1988, v.11.

JUNG, C. G. Psicologia em transição. In: _. Obras completas. Petrópolis-RJ: Vozes, 1993, v.10.

JUNG, C. G. Símbolos da transformação. In:_. Obras completas. Petrópolis-RJ: Vozes, 1986c, v.5.

JUNG, C. G. Tipos psicológicos. In:_. Obras completas. Petrópolis-RJ: Vozes, 1991, v.6.

JUNG, C. G. Vida simbólica. In: _. Obras completas. Petrópolis-RJ: Vozes, 1998b. v.8, t.1.

JUNG, C. G. Visions, notes of a seminar given in 1930-1934. Princeton: Princeton University Press, 1997.

JUNG, C. G. Dream Analysis notes of a seminar given in 1928-1930. Princeton: Princeton University Press, 1984.

KARDEC, Allan. O livro dos espíritos. Tradução de Djalma M. Argollo. Salvador-BA: Fundação Lar Harmonia, 2007.

LANG, Andrew. The book of dreams and ghosts. New York: Cosimi Inc., 2005.

LÉVY-BRUHL, Lucien. Les carnets. Paris: PUF,1949.
LÉVY-BRUHL, Lucien. Les fonctions mentales dans les sociétés inférieures. 9ª ed. Paris: PUF, 1910. Reprodução fotomecânica realizada por Jean-Marie Tremblay, 1951.

PLATÃO. El Banquete, o del amor. In:_.Obras completas. Madri: Aguilar, 1974.

SAMUELS, Andrews. JUNG and the post-junguians. Londres & New York: Routledge & Kegan Paul , 1999.

SCHOPENHAUER, Arthur. Parerga und Paralipomena. Paris: PUF, 2005.

YOUNG, Polly & DAWSON, Terence. Manual de Cambridge para estudos junguianos. Porto Alegre: Artmed, 2002.

9 781792 869389